대장정

Copyright © 2016, Bert Hellinger
All right reserved.
Korean translation Copyright © 2016, Park i-ho
이 책의 한국어판 저작권은 번역자인 박이호와의
독점 계약으로 한국 내에서 보호를 받는 저작물이므로
무단 전재와 복제를 금합니다.

대장정

초판 1쇄 발행 | 2007년 4월 07일
개정 1쇄 발행 | 2016년 4월 18일

지은이 | 버트 헬링거
옮긴이 | 박이호
발행인 | 한명수
발행처 | 흐름출판사 www.heureum.com
주소 | 전주시 덕진구 정언신로 59
전화 | 063-287-1231
전송 | 063-287-1232
이메일 | hr7179@hanmail.com

ISBN 979-11-5522-092-4 03100

값 12,000원

「이 도서의 국립중앙도서관 출판예정도서목록(CIP)은 서지정보유통지원시스템 홈페이지(http://seoji.nl.go.kr)와 국가자료공동목록시스템(http://www.nl.go.kr/kolisnet)에서 이용하실 수 있습니다.(CIP제어번호: CIP2016009084)」

Bert Hellinger

대장정

운명 화해 그리고 행복에 관한 대화

버트 헬링거 지음 | 박이호 옮김

흐름

대장정의 서문

우리가 바이언 방송국을 나와 뮌헨 중앙역을 향해 함께 눈이 쌓인 길을 걸을 때는 2월이었다. 내가 물었다.

"얼마나 더 일하실 겁니까?"

그가 대답했다.

"글쎄요, 조금 더 할 것 같습니다."

그때 선생님은 70세였다. 조금 전에 선생님은 한 권의 책을 내셨고, 우리는 방금 첫 번째 라디오 방송을 마쳤다.

"버트 헬링거Bert Hellinger? 도대체 무엇 하는 사람입니까?"

그때 방송국 편집장은 나에게 물었다. 내가 그는 치료 분야에서 혁명적인 변혁을 초래하고 있다고 하자 편집장은 배 아파하면서도 나를 신뢰했다. 신학을 전공하기도 한 편집장은 완성된 방송을 듣고 나서 말했다.

"나는 가만히 들을 수가 없어서 일어나 불안과 분노 그리고 어찌할 줄 몰라 서성거려야 했습니다."

완성된 라디오 방송을 내 여자 친구에게 듣게 했을 때 그녀는 단지 내게 말했다.

"가브릴러Gabriele, 당신이 도대체 무슨 일을 했는지 알고 있는 거야?"

그리고 여러 사람과 헬링거 선생님의 비디오를 함께 보려고 했을 때, 비디오가 시작한 지 얼마 안 돼, 그들은 일어서며 말했다.

"나는 더 이상 볼 수가 없습니다, 저놈은 나치 종자와 같이 말합니다."

그후 십 년이 지났다. 나치 종자와 같다던 그는 세계에서 유명한 사람이 되었다. 그의 책은 전 세계에 걸쳐 19개 국어로 번역돼 수백만 사람들이 읽는다. 가족세우기 방법은 독일의 어디에서나 접할 수 있다.

그리고 그는 수상한 사람이다. 벌써 그는 많은 금기를 건드렸고, 투쟁적이고 반항적인 68세대의 자유적인 이상을 지지하는 사람들을 힘들게 했다. 인연과 사랑의 질서를 말하는 그는 68세대의 성스런 단어인 자율, 해방, 자결, 자유, 저항 등에 반증을 제시한다. 그러나 그것은 별것 아니었다.

그래도 선생님은 일을 계속하셨다. 아직까지도 사람들을 불쾌하게 하는 한 원인이 되는 수백 명의 사람들과도 함께 일했다. 그리고 나치 시절이 지금까지도 모든 가족에 얼마나 결정적인 역할을 하는지, 가족세우기는 점점 자주 보여 준다. 피난, 추방, 나치 혹은 나치 저항, 장애인 살인 그리고 드레스덴, 도르트문트, 함부르크 등에서 무차별 폭격에 죽은 사람들, 이 모든 것들과 관계 없는 독일 가족이 있을 수 있는가? 가해자나 피해자가 없는 어떠한 독일 가족이 존재할 수 있는가?

가족세우기는 많은 사람들에게 충격을 주는 새로운 통찰을 보여 준다. 예를 들면 가해자와 피해자는 함께 속한다 등이다. '나는 가해자를 내 가슴에 품는다.'와 같은 문장은 하나의 도발이었다. 기적적인 경제 발전과 68세대의 폭동 이후 30년이 지나서야 피해자를 보기 시작한 독일 사람들에겐 하나의 도전이었다.

헬링거 선생님은 그사이 전세계를 여행하셨다. 세르비아와 이스라엘을 거쳐 중국, 한국, 일본, 호주, 남아메리카까지. 전쟁과 고문, 그리고 저항이나 추방과 관계 없는 나라는 거의 하나도 없다. 게릴라, 원주민, 살인자, 파시스트, 반파시스트, 저항운동의 투사 그리고 암흑의 추종자들과의 일은 그를 변화시켰다.

갑자기 아주 분명해졌다. -변화는 영혼에서, 단지 영혼에서 시작한다. 그리고 평화는 가해자를 더 이상 제외하지 않아야만 가능하다. 옛 방어벽을 헐어야만 가능하다. 그리하여 결국 정치적이 되었다.- 사람들은 헬링거가 피해자의 기분을 상하게 하며, 조롱한다고 말한다.

독일에서 선생님은 시대정신의 아킬레스건을 건드린다. 이제 '정치적 정의'가 논쟁의 대상이 되었다. 첫눈에 보기에 그렇게 분명한 피해자를 위해 가해자에 반대하는 정치적 정의가 논쟁의 대상이 되었다.

그런데 라이프찌히에서 모든 치료자에게 악몽인 사건이 일어났다. 선생님과 가족세우기를 하고 난 한 여자 의뢰인이 자살했다. 선생님은 조롱의 대상이 되었다. 치료하는 사람들에겐 그가 사람을 죽였다는 소문이 돌았다. 가족세우기는 무엇보다 미디어로부터 악평을 받게 되었다.

스피글Spiegel의 기사는 헬링거 선생님을 향한 공격의 시발이었다. 그는 도대체 무슨 교육을 받았는가? 선교사였다며! 한번 선교사는 언제나 선교사이지. 쓸데없는 신비적인 짓을 하는 사람! 함께 하는 많은 아마추어들! 반동적인 '질서'를 설파하여, 새로운 비굴함을 강요하는 망상을 가진 천주교인! 위기의 시대에 방향을 필요로 하는, 의지가 약한 '양'들을 조작할 수 있는 사람. 여성의 적인 데다 사람이 죽다니!

나중에 헬링거가 히틀러Hitler를 인간으로서 존중한다는 문서가 돌았다. 그런 데다 새집의 수리가 덜 끝나 다른 집을 찾을 수 없어서, 그는 히틀러 별장에서 잠시이지만 살았다고도 했다.

이 책의 인터뷰를 위해 선생님을 방문할 때, 선생님은 나를 잘츠부르그 공항에서 마중했다. 우리는 시골 마을을 지나면서 이런저런 대화를 하고 있었는데, 갑자기

"제가 살았던 곳을 보여 주겠습니다."

하면서 자동차를 소나무가 우거진 작은 길을 통해 히틀러 별장으로 몰았다. 그 집은 그사이 다가구 아파트가 되어 있었다. 그리고 선생님은 히틀러의 식당차에 관한 이야기를 했다.

"그 기차를 몽고메리Montgomery가 처음으로 이용했고, 그리고 아드나와Adenauer, 나중에 빌리 브런트Willy Brandt가 처음으로 동독으로 여행할 때, 그리고 나서 엘리자벳Elisabeth 여왕이 독일을 방문할 때 탔습니다."

그리곤 침묵했다.

헬링거 선생님을 향한 프레스 캠페인은 많은 사람들을 불안하게 했다. 성인 교육기관뿐만 아니라 많은 단체는 선생님과 거리를 두

었으며, 사회에 해악을 끼치는 종교를 연구하는 전문가가 동원되었고, 국민 교육기관은 가족세우기 일정을 취소했다. 헬링거 선생님이나 가족세우기를 통해 건강과 생명의 기쁨을 찾은 의뢰인들, 가족세우기에 공감하여 매혹된 치료자들이나 교육자들 그리고 다른 사람들 모두는 갈팡질팡하게 되었다. 해방과 반파시스트적인 확신은 윤리와 도덕적으로 바른 사람들에겐 기본 덕목이기 때문에 모두는 갑자기 '나치'가 되었는지 스스로 질문했다.

정말 나는 멍청한 신비주의자로 변했는가? 우리는 반동적인 정신 나간 놈인가? 옛것에 빠져 있는 비정치적인 몽상가란 말인가? 우리는 평온, 기쁨과 질서에 빠져 스스로를 가두지는 않는가? 우리가 감동했다는 게 나쁜가? 우리의 지성을 배제했는가? 우리는 유혹에 이끌려 보지 못하는 멍청한 양인가? 우리는 눈먼 동조자인가? 정녕 믿음이 깊은 '교인'이 되었단 말인가?

모두는 이러한 질문에 홀로 직면한다. 나쁜 평을 듣게 된 많은 사람들은 충격을 받아 아무런 말도 못한다. 두려워하며, 왜 헬링거 선생님은 이런저런 비난에 아무런 말씀을 하지 않는가라며 묻는다.

우리의 사춘기는 이미 지났으며, 반항적인 옛 이상들이 정착돼, 정치적 규범으로 확고히 자리 잡은 시기가 아닌가? 아직도 우리는 우리의 영혼에서 자율은 하나의 도그마이고, 자유는 그 아래에 조금 자리한다는 것을 모른단 말인가?

우리는 자녀, 의무들 그리고 생애의 위기를 갖는다. 다행히도 그것들은 우리를 온화하게 한다.

- 자율을 수없이 경험한 우리가, 우리 가족이 우리가 원하는 것보다 더 중요하다고 인정한다고 해서 우리는 무엇을 잃을 것인가?
- 우리의 초점을 자율의 뒷면인 귀속감에 맞추고 우리의 삶이 우리가 조정할 수 없는 수많은 끈에 연결돼 있음을 인정한다고, 우리가 '전체주의자'가 되는가?
- 피해자를 대신해 옛 가해자에 반대하여 싸우는 대신, 살해당한 사람들을 향해 우는 것이 정말 반동적이며 후퇴인가?
- 히틀러를 사람으로 보지 못하게 하는 금기를 언제까지나 건드려서는 안 되는가?
- 하늘과 땅 사이에 우리가 인식할 수 있는 것보다 더 많을 수도 있다고 고려하는 것이 시대에 뒤진 반계몽적이란 말인가?

전 생애에 걸친 자아실현, 해방, 계몽적인 생각 등은 오늘날의 의무이다. 가족세우기는 이 컨셉의 맹점을 다룬다. 조직체제는 우리가 좋아하고 의식하는 것보다 더 많이 우리를 직업에서나 사적으로 결정한다. 이 통찰이 이단이란 말인가? 그럴 것이다. 우리의 자존심을 상하게 하기 때문이다. 한때 도덕 설파자나 권위에 사로잡힌 자가 프로이트Freud의 충동이론을 알려고 하지 않은 것과 같이, 정치적 정의의 중심 흐름에 있는 사람들은 가족세우기에서 얻어진 인식들을 폄훼하여 나치와 같다고 하면서 구석으로 밀어내려고 중무장한다.

어떻게 이런 일이 가능한가? 헬링거 선생님은 그때 거의 모든 독일인들이 자신들이 어떻게 믿든 상관없이 같은 배에 타고 있었다고 주장함으로 순수한 반파시스트 사상을 모욕한다. 그리하여 그는 가해자는 언제나 다른 사람들이라는 '선한' 독일인의 통상적인 견해를 깨 버린다.

프랑크푸르트 역사학자 고츠 알리Goetz Aly는 이 현상을 매우 세련된 방어전술이라고 부른다. 그는 자신의 감명 깊은 책 『히틀러의 국민국가』에서 나치의 '친절한 독재'를 통해 얼마나 많은 독일인-특히 노동자와 같은 하부 계층의 사람들-이 이득을 얻었는가를 계산해 보인다. 그의 계산은 죄를 '유산자 계급' 혹은 '인종 이데올로기', '제국주의'나 히틀러의 측근에게 돌리는 것을 방해한다. 독일인은 폭격에 견딘 유대인 집에서 살았으며, 유대인들이 남기고 떠난 침대와 소파에서 자고 먹었다. 폴란드 사람들은 굶어 죽었는데, 독일인들은 폴란드산 밀로 만든 빵을 먹었다. 우크라이나에서 보내온 소금과 달걀, 닭과 꿀이 든 소포를 풀었으며, 벨기에나 프랑스에서 온 커피나 여자의 얇은 속옷 그리고 초콜릿에 기뻐했다. 독일이 점령한 지역에서 탈취한 호화로운 삶이었다. 독일의 모든 소비와-전쟁 중 어떤 독일인도 굶지 않았다-, 독일 식탁에 오른 모든 것은 살인으로 양념된 것이었으며, 사회적 발전, 위대한 개혁, 사회적 혜택 등은 강탈, 아사 그리고 다른 사람들을 살해한 대가라고 그는 계산해 보인다.

우리 중 많은 사람들은 우리들의 어머니들뿐만 아니라 다른 부모나 그 자녀가 굶었기에 생존했다고 고마워한다. 피해자를 대신해 '가해자'에(어떤 가해자란 말인가?) 대항하여 싸우는 대신 피해자와 함께 우는 소박한 슬픔의 어떤 점이 잘못이란 말인가?

그리고 마지막 질문,

나치를 우리가 알 수 없는 힘들에 의하여 조종된 하나의 운동으로 보는 것이 그렇게도 위험한 것이란 말인가? 히틀러도 '봉사하게 잡혀졌다고' 말하는 것이 불가능하단 말인가? 즉 악, 참혹한 것, 잔인한 것도 원하여진 현실이라고 말하는 것이 불가능하단 말인가? 당연히 그런 것은 무리한 요구다.

"그러면 모든 것이 허물어져, 우리는 아무데도 기댈 것이 없어." 라고 내 여자 친구는 말한다. 아마 여기에서 어떤 사람들은 불안해 하고 어떤 사람들은 가족세우기 박해자가 된다. 평안하게 하는 세계상이 깨어진다. 우리가 모든 것을 조정할 수도, 결정할 수도, 저지할 수도, 변화시킬 수도 없다는 태도로 전쟁의 원인과 파시스즘에 관한 계몽은 선생님이 우리에게 무리하게 요구하는 도발이다.

선생님은 스스로 스무 살부터 관조와 내면 정화의 길을 걸었다. 그는 어떤 이상에도 속하지 않는다. 그의 일과 정말 관계를 맺으려는 모든 사람은 이것을 감지할 수 있다. 아마 이것이 선과 악으로 된 세상에서 헤매지 않는 그의 길이었을 것이다. 아마 그 길을 우리 시대의 많은 사람들은 공감하지 않을 것이다. 그렇다고 선생님을 그렇게 악평할 이유가 되는가?

선생님은 우리에게 범죄와 인간, 박해받은 사람들과 박해한 사람들을 함께 보고, 박해한 사람들을 자신이 한 행동을 책임지게 가만히 두는 지적이고 영적인 노력에 따른 능력을 요구한다. 이게 계몽이 아니란 말인가? 주술적인 진보와 이별이 아니란 말인가? 아니면 단순한 겸손이 아니란 말인가? 어찌하든 우리가 충분히 연구하고 싸우고 알아 −당연히 '옳은 편에서'− 해방하고 저항하여 세계의 모든 것을 우리 마음대로 잘되게 할 수 있다는 우리의 환상을 상대화시킨다.

당연히 선생님을 향한 정당한 비평도 있다. 그는 예의를 모르고 자신감에 넘쳐 완고하며, 가차 없이 엄격하고 도발적이다. 그는 가르침을 받으려고 하지 않는다. 그렇다, 그는 선생이었다. 그의 학생들은 어른이 되었고, 이제 그들은 자신의 길을 간다.

그동안 이 노인과 내적으로나 외적으로 거리를 두는 사람뿐 아니라 거의 모든 사람에게도 한 가지는 분명하다. 선생님은 조직역학의 저 깊이에 이르는 자신의 통찰로 새로운 어떤 것을 이 세계로 가져왔다. 이 통찰들은 오늘날 치료적인 표준이 되었으며, 좋은 경영 관리 상담의 도구가 되었다. 공간에 조직을 세움으로 과학적인 검사로도 확인할 수 있는 진단 수단을 찾았다. 전에는 없었던 것이다. 지난 백 년 동안 '억압'이었던 게 이제 '얽힘'이 되었다. 버트 헬링거를 통해 이제 우리는 조직에서 일어나는 것뿐만 아니라 양심과 죄, 인연과 풀림, 영혼과 존재에 대해 더 많이 인식한다. 위 모든 것의 경험적인 토대는 −치료적인 분야를 넓히기도 했지만− 프로이트의 이론보다 훨씬 광범위하다. 그리고 가족세우기는 날마다 성장하고 있다. 온전히 자신의 책임하에 가족세우기를 통해 일하고 있는 수백 명의 좋은 치료자, 상담자, 선생님 등을 통해 가족세우기는 날마다 성장하고 있다.

독일에서의 냉담에 비해 외국에서는 박사 칭호와 영예를 선생님께 수여한다. 영혼을 넓게 하는 이 독일인을 −만나는 사람이 누구든지- 높이 평가하며 존경한다.

그는 계속 양극화시킬 것이다. 그는 평등한 토론을 즐겨하지 않는다. 그의 많은 명제들을 다르게 표현한다면 다른 사람들이 더 적게 고함지르거나, 더 적게 격앙할 거라는 질문에 그는 다음과 같이 되묻는다.

"어떤 것이 더 힘 있습니까?"

이 책은 이미 오래전부터 질문하고 싶었던 많은 비판적인 물음에 진술한다. 버트 헬링거는 -언제나 그렇듯이- 자기식대로 답한다. 이 책은 선생님 삶의 단계들을 스치며, 중요한 통찰에 대한 정보를 준다. 그리하여 정치에서가 아니라 영혼에 어떤 것을 일으키려는 한 인간의 초상화가 생겼다.

Gabriele ten Hovel

차례

대장정의 서문 … 4

|저는 언제나 내면의 성장을 원했습니다|
인생의 단계들 … 17

|저는 선생이 되려고 하지 않았습니다| … 22
|저는 제대로 말하자면 청소년 시기가 없이 자랐습니다|전쟁 … 28
|여기 어딘 가에 독일 놈이 숨어 있다|탈출 … 31
|자유롭지 않은 결정이었습니다|수도회 … 34
|저는 전혀 몰랐습니다|선교사로서 아프리카로 … 41
|사람이냐, 아니면 이상이냐?|그룹 다이나믹 … 47
|저는 떠납니다|수도사 시절과 이별함 … 52
|50세까지 저는 준비가 덜 되게 느꼈습니다|성장 단계들 … 58

|사람들은 제가 잘못하는 것을 허락하지 않습니다|
군중 앞에서의 가족세우기와 계몽 … 65

|성장을 위해선 반대와 장애가 필요합니다|치료 과정의 엄격함에 대하여 … 66
|저는 기술자가 아닙니다|치료 분야에서의 선생님을 향한 비평 … 68
|저는 저항에 반해 일하지 않습니다|중단 … 72
|가족세우기 통찰들이 생명을 구합니다| … 73

|사랑의 다섯 고리|
부모, 사춘기, 배우자 그리고 받음의 예술에 관하여 ··· 77

|첫 번째 고리: 부모| ··· 78
|두 번째 고리: 유년기와 사춘기| ··· 80
|세 번째 고리: 주고 받음| ··· 87
|어머니에 기뻐할 수 있는 사람은 성공하며 행복해합니다|
행복과 기쁨에 관하여 ··· 95
|아버지는 더 이상 투쟁할 필요가 없습니다|**자녀를 제외함에 관하여** ··· 99
|저는 철학적인 통찰에서 어머니들을 존경합니다|
어머니들과 아버지들의 업적에 관하여 ··· 103

|강렬한 손에 달려 있는 손가락|
가해자들과 희생자들의 인연 ··· 107

|저는 제외된 모두를 제 마음에 품습니다| ··· 111
|피해자들이 우리 마음에 자리를 잡아야 합니다| ··· 115
|저는 가해자들로부터 물러서기에 가해자들과 관계하지 않습니다| ··· 118
|저는 히틀러를 어떤 것을 변명할 필요가 없는 인간으로 봅니다| ··· 120
|···그리고 기독교인이 유대인을 십자가에 못 박았다|
반유대주의, 유대인과 기독교인에 관하여 ··· 126

|저는 사랑에 있기에 연결돼 있는 동시에 자유롭습니다|
자주와 어른들의 사춘기에 관하여 ··· 133

|열광에 따른 도취는 상궤를 벗어납니다|열광과 정신 차림에 관하여 … 140
|선행을 행할 때 아무도 자신의 양심을 거론하지 않습니다|
'양심에 거리끼지 않음'의 유아적인 순진함에 관하여 … 144
|알면서 그리고 고통을 같이하는 함께함|피할 수 없는 죄에 관하여 … 151
|개체화의 종점에 와 있습니다|원초적 양심과 장에 관하여 … 157
|저는 독일인입니다만, 독일인이라고 자랑스럽진 않습니다|
화해와 애국심에 관하여 … 162

|살아 있는 사람들의 양심에 대고 말하기보다 사랑으로 죽은 자들을 바라봅니다|
기억과 억압에 관하여여 … 167

|과거는 가슴과 영혼에서 끝나야 합니다|보상, 복수 그리고 분개에 관하여 … 171
|분개는 어떤 동정도 모릅니다|평화와 거리끼지 않는 양심에 관하여 … 175
|과거가 지나 끝날 수 있어야 미래가 있습니다|정치적인 세우기 … 178
|그렇게 하면 폴란드 사람들이 독일인들을 더 사랑합니까?|
배상 요구에 관하여 … 186

|저는 진리를 주장하지 않습니다|
영혼의 움직임과 파악할 수 없는 것에 관하여 … 201

|…생각할 수 없는 것이 보여지기에|정보와 장에 관하여 … 202
|제가 사후 검사를 한다면, 저는 이기적인 의도를 가집니다|
가족세우기 효과의 증거와 성공 여부 검사에 관하여 … 206
|움직이는 모든 것은 어디에서인가 의해 움직여 집니다|
다른 힘들, 종교 그리고 자유로운 결정에 관하여 … 212
|우리는 계속 가야 합니다…|풀림의 한계에 관하여 … 220

| 저는 언제나 내면의 성장을 원했습니다 |

인생의 단계들

Q: 올해(2005) 선생님은 80세가 되십니다. 히틀러가 권력을 잡았을 때, 선생님은 일곱 살이었습니다. 기억하십니까?

A: 당연히 기억합니다. 그날 저녁 아버님이 일이 끝나 집에 들어오시면서 어머님께 말씀하셨습니다. "히틀러가 수상이 되었어." 아버님은 아주 의기소침해하셨습니다. 나중에 어떻게 될지 아시는 것 같았습니다. 얼마 후 우리는 몸으로 실제 경험했습니다.

쾰른에 살았는데, 일요일에 교외로 소풍을 가려고 했습니다. 이른 아침에 미사를 마치고 성당을 나와 전차를 기다렸습니다. 그때 한 나치의 돌격대원이 아버님께 다가와 말을 걸었습니다. 아버님이 대꾸하자, 그는 아버님께 고함지르며 체포하려고 했습니다. 마침 그때 전차가 와서, 부모님과 우리 세 형제는 급하게 올라탔습니다. 우리가 타자마자 승무원은 문을 닫고 전차를 출발시켰습니다. 그러자 뒤에 처진 나치돌격대원은 자전거를 잡아타고 멈춰 서라고 고함지르며 전차 뒤를 따라왔습니다만, 승무원은 그 돌격대원이 따라오지 않을 때까지 정류장을 지나쳤습니다. 승객들도 박수 치며 환호했습니다. 그때 쾰른에선 그게 가능했습니다. 나중엔 그럴 수 없었습니다.

선생님은 열 살 때 집을 떠나 기숙사에 들어갔습니다.

어머님의 친구분이 학교에 대해 알고 있었습니다. 그녀는 제가 신부가 되려고 하는 것을 알고 있었습니다. 저는 다섯 살 때부터 신부가 되려고 하였습니다. 그 기숙사가 수녀원에 의해 운영되고 있었기에 제게 아주 알맞은 곳이라고 그녀는 어머님을 설득했습니다. 기숙사는 마인강 변에 있는 작은 도시 로어Lohr에 있었습니다. 우리는 기숙사에 살면서 시에서 운영하는 학교에 다녔습니다.

제가 그 기숙사에서 학교를 다닐 수 있었던 것은 아주 큰 선물이었습니다. 제 인생에 아주 중요한 시절이었습니다. 열 살이 되었는데 갑자기 다른 세계로 들어왔습니다. 저는 많은 것을 배웠고 자유를 만끽했습니다. 집에 있었으면 불가능했을 것입니다.

부모님은 전적으로 지지하셨습니까?

어머님은 전적으로 지지하셨는데 반해, 아버님은 멈칫거리셨지만 결국 동의하시고 비용을 부담하셨습니다.

선생님은 1936년에 가톨릭에서 운영하는 기숙사에 들어갔습니다. 그때 신부들이 나치에 대해 어떠했습니까? 그분들의 나치에 대한 태도를 어느 정도 감지하셨습니까?

에피소드를 들려드리겠습니다. 오스트리아가 독일에 합병된 후 국민투표가 있었습니다. 몇 분의 신부님과 수녀님들이 반대 투표를 한 것 같았습니다. 비밀투표였는데 나치는 알 수 있게 한 모양입니다. 개표한 날 저녁에 나치돌격대의 장엄한 횃불 행렬이 있었습니다. 그리고 그들은 기숙사 벽에 '여기에 배반자들이 산다.'와 '우리는 반대합니다.'를 크게 썼습니다. 그리고 그들은 돌을 던져 이백여 개의 유리창을 깼습니다. 우리가 자는 방에도 돌들이 날아왔습니다. 다음 날 아침 두 분의 신부님이 압송되었고 우리의 방학은 시작되었습니다.

선생님은 열 살 때 벌써 집을 나왔습니다. 기숙사에서 마음의 스승을 만나셨습니까?

기숙사의 신부님들은 모두 좋으신 분들이셨습니다. 우리에게 많은 것을 가능케 해 주셨습니다. 스포츠, 음악, 연극 등. 저는 바이올린을 배웠습니다. 오케스트라와 합창단에서 함께했습니다. 또한 아주 큰 도서관도 있었습니다.

집에서 멀리 떨어져 있었는데 고향 생각은 안 났습니까?

아닙니다. 저는 방학 때마다 집에 왔습니다. 기숙사 시절은 제게 아주 좋은 시간이었습니다. 저는 모든 면에서 성장했습니다. 신부님들은 우리를 좋아하셨고 많은 것을 가르치셨습니다. 지루할 여유가 없이 우리는 여러 가지를 배웠습니다.

선생님의 치료에서 가족이 차지하는 의미에 반해 선생님은 가족과 지내는 시간이 적었는데…

저는 기숙사에서 집에서와 같은 느낌을 가졌습니다. 1941년 기숙사가 문을 닫자 저는 집으로 돌아와 2년 동안 부모님 집에서 학교에 다녔습니다. 부모님은 카셀로 이사하셨는데 저는 그때 15살이었습니다.

저는 기억합니다. 사춘기에 들어서자, 저녁에 늦게 들어오면서 아무런 대꾸도 하지 않자 아버님으로부터 뺨을 맞았는데 선생님은 사춘기를 어떻게 보내셨습니까?

그땐 전쟁 중이었습니다. 우린 그럴 시간이 없었습니다. 아버님은 군수공장에서 하루에 12시간을 일하시고 저녁 늦게 집에 오셨습니다. 제가 잘 자라도록 모든 것을 가능하게 하셨습니다. 연주회, 연극 등 제한이 없었습니다.

그리고 우리 이웃에 아주 좋은 사람들이 살았습니다. 그 집 큰아들이 제 친구였는데 예수회의 수도사들이 드나들었습니다. 그들의 말과 토론은 15~16살인 저를 아주 많이 감동시켰습니다. 그들의 말을 듣는 것은 아주 큰 기쁨이었습니다. 그들은 나치와 아주 다르게 세계에 열려 있었고 넓었습니다.

그들은 학식이 많았고, 영적이었으며, 자제심이 강했습니다. 나를 아주 기분 좋게 하는 분위기를 발산했습니다.

| 저는 선생이 되려고 하지 않았습니다 |

복종과 관계 없는 영적인, 지적인 규율입니까?

예수회 수도사들은 복종하는 사람들이 아니었습니다. 모두 자율적이었습니다. 그분들은 어디에서도 찾을 수 없는 영적 자유와 성장 가능성을 제게 보여 주었습니다.

저는 그분들을 아주 존경했습니다. 스스로 예수회 수도사가 되려는 생각도 했습니다. 그러나 한 가지가 맘에 걸렸습니다. 저는 선생이 되려고 하지 않았는데 많은 예수회 수도사는 선생이 되어야 했습니다. 20여 년간 선생으로 일하기 위해 예수회에 입회하고 신부가 될 필요가 없다고 생각했습니다. 그래서 마리안힐러에 입회했습니다. 그럼에도 나중에 남아프리카에 파견돼 선생이 되었습니다. 삶에 있어 회피하려는 것은 나중에 따라잡힙니다.

선생으로서 학교에 있기보다 선교사가 되어 넓은 세계로?

그렇습니다. 그런데 저는 선교사로서 먼 나라에 파견된다는 것이 어떤 것인지 아무것도 몰랐습니다. 모험심과 함께 한 이상상을 가졌습니다. 기숙사 생활을 통해 저는 이미 그 분위기를 알았으며 그

세계에 속했습니다.

부모님이 계신 카셀로 와서 저는 인문계 고등학교를 다녔으며, 가톨릭 청년운동의 작은 그룹에 가입했습니다. 그런데 그 그룹은 금지된 모임이었기에 나치 비밀경찰이 분명히 감시했을 것입니다. 졸업을 앞둔 일 년 전 저희 모두는 처음엔 노동 봉사로 차출되어 일하다 입영했습니다. 노동 봉사가 시작되자마자 저는 노동 지도자와의 대화에 빠져들었습니다. 그는 비밀경찰 직원이었습니다만 그 때 저는 알 길이 없었습니다. 그는 저와 니체Nietzsche와 헤겔Hegel에 관해 이야기했습니다. 17살밖에 안 되는 청소년으로서 저는 어떻게 말해야 할지 몰랐습니다. 그가 "헤겔은 오늘의 국가를 예언했다." 하길래, 저는 대답했습니다. "헤겔은 국가를 증오했습니다." 그러자 그는 단정했습니다. "당신은 국가를 증오하는군요." 그제야 제가 심문받았다는 것이 분명해졌습니다.

그로부터 일 년 후 프랑스에 군인으로서 주둔하고 있을 때 우리 반 모두는 고등학교 졸업증서를 우편으로 받았습니다. 우리 모두 군에 입대했기에 일 년의 학교교육은 면제받았습니다. 졸업증서를 받기 위해서는 노동 봉사의 품행증명서가 요구되었는데, 제 품행증명서엔 '국민을 해칠 수 있는 사람'이라고 적혀 있었습니다. 그 말은 실제 다음과 같은 뜻입니다. '그 사람은 죽여도 좋다.' 그래서 제 졸업증서는 거절되었습니다.

이 소식을 들으신 제 어머님은 교장 선생님께 가 따졌습니다. 제 아들은 군대에 가서 목숨을 걸고 싸우고 있는데 교장 선생님이 졸업증서를 거절하신다구요? 그러자 교장 선생님은 부끄러워하면서 졸업증서를 제 어머님께 주셨습니다. 어머님은 저를 위해 암사자처럼 싸우셨습니다.

그때 저는 벌써 나치에 거리를 둘 수 있었습니다. 저는 가톨릭 기숙사에서 살았고, 또한 제 부모님도 나치에 거리를 둘 수 있는 분위기에서 사셨습니다. 제 어머님은 어떤 유혹에도 넘어가지 않으셨습니다. 나중에야 저는 나치와 거리를 둘 수 있는 게 얼마나 어려운 일이라는 것을 알았습니다. 어머님은 신앙으로 견디셨습니다. 제 아버님도 끝까지 나치당원이 되는 것을 거절하셨습니다. 저는 부모님을 통해 강하게 되었습니다. 이 점에서 저는 부모님을 아주 깊이 존경합니다. 제가 잘나서가 아니라 부모님으로부터 그 힘을 얻었습니다. 대다수의 열광과 거기에 따르는 압력에 굴복하지 않는 태도는 나중에 여러 면에서 지속됩니다. 저는 지금도 그렇게 삽니다. 저는 거리를 지키며 제 자유를 중히 여깁니다. 그러기에 저는 더 넓은 장에서 움직입니다.

선생님은 말씀하십니다. 사람들이 피할 수 없는 장이 있다고. 그런데 이제 말씀하십니다. 거리를 둬 유혹당하지 않는 개인적인 자유가 있는 것처럼….

저는 단지 그렇게 말했을 뿐입니다. 제가 자유를 가졌다고 할 수 있을지와는 다른 질문입니다. 저는 이런 것을 선물로 체험합니다. 갑자기 어떤 것이 지나, 이제 끝났구나 하는 것을 제 삶에서 알 수 있었습니다. 이것이 통찰입니다. 그럼 저는 행동할 수 있는 힘을 가졌습니다. 제가 생각해서 어떤 목표들을 추구했기에 한 결정들이 아니었습니다. 저는 내면의 움직임과 같이합니다. 이 본질적인 결정에 있어선 선택의 자유가 없습니다. 저는 다르게 할 수 없었습니다. 그랬다면 저는 자신을 포기했을 겁니다.

갈림길에서 결정해야 하는 것처럼, 선생님은 신부 조직에서 떠나 치료자의 길을 가셨습니까?

그렇습니다. 사명을 따른 겁니다. 용기가 있어야 합니다.

우리 모두는 어떤 일을 하도록 결정돼 있다고 선생님은 말씀하십니다. 그런데 이제 나는 사명의 부름에 따를 수도 또는 따르지 않을 수도 있다고 하십니다. 모순으로 들리는데요.

맞습니다. 모순입니다. 영혼에 있어 본질적인 어떤 것입니다. 우리가 본질적으로 체험하는 본질의 핵심에 관한 것입니다. 그 핵심은 주어져 있습니다. 어떤 점에서 우리는 계속할 수 있는가 또는 그렇지 않은가. 이 움직임과 함께하면 저는 피할 수 없습니다. 이 움직임에서 힘을 얻어 가장 깊은 핵심과 저는 연결돼 있습니다.

증명될 수 없는 철학적인 관점입니다.

그럴 것입니다. 그러나 그 관점이 영혼에 어떤 영향을 미치는가에 관심을 갖습니다. 본질의 핵심은 불멸하다고 추측합니다. 제 본질의 핵심은 제 죽음과 함께 끝나지 않습니다. 가족세우기의 경험들은 이걸 보여 줍니다. 죽은 자들이 아직 그 어떤 것을 완성하지 않았기에, 즉 자신의 본질을 아직 찾지 못했기에 우리에게 영향을 미치고 있는 것을 가족세우기는 보여 줍니다.

선생님은 어떻게 '사명'을 감지하십니까?

제가 공명에 있으면, 그 어떤 것도 잘 안 될 수 없습니다. 우리가 공명에 있으면 우리를 안고 있는 창조적인 움직임이 우리를 덮칩니다. 저는 자유스럽지 않지만, 저 깊이에서 창조적인 움직임과 제가 일치하기에 저는 다른 것을 원하지 않습니다. 이 길에서 결정적인 통찰들이 이뤄집니다.

'너는 네가 되어라'라고 말한 융의 신비적인 차원이 아닙니까?

그렇습니다. 모든 시대를 통하여 인류는 내면의 진리에 관해 말해 왔습니다. 유아들은 태어날 때부터 본질의 핵과 연결돼 있습니다. 아이들은 자라면서 본질의 핵에서 벗어납니다.

가족에 운명적으로 얽혀 있어도, 자신의 본질의 핵과 연결돼 있을 수 있단 말입니까?

운명적인 얽힘은 통찰을 통해 어느 정도 풀려집니다. 가족으로부터 풀려나오는 게 아니라 운명적인 얽힘에서 풀려 나옵니다.

어떻게?

운명적으로 얽힌 사람을 한동안 존경과 사랑으로 가슴에 품습니다. 그러면 저는 그와 절연돼 있지 않고 연결돼 있습니다. 운명적으로 얽히지 않고 연결돼 있습니다. 이 연결로 저는 성장합니다.

선생님의 청소년기에 관해 말씀하실 때 아버지보다 어머니가 선생님께 더 많은 영향을 주신 것 같습니다.

결정적인 것은 어머니에게서 시작한다는 것을 저는 최근에 점점 분명하게 봅니다. 그땐 어머니가 제게 정말 어떤 의미를 갖는지 당연히 잘 몰랐습니다. 심리치료를 받으면서 점점 저는 어머니가 우리를 위해 언제나 계셨다는 것과 그 의미를 깨닫게 되었습니다. 어머니는 요리하셨고 빨래하셨으며 바느질하셨습니다. 아무런 불평 없이 모든 것을 하셨습니다. 당연히 하셨습니다. 그리고 또한 저를 위해 싸우셨습니다.

아버님은 아주 엄격하셨습니다. 제가 어렸을 땐 아주 힘들었습니다. 최근에 저는 바로 그 엄격함이 제게 아주 좋게 작용한 것을 깨달았습니다. 좋은 경험을 말씀드리겠습니다. 유명한 심리치료자인 스텐리 킬레만Stanley Keleman에게, 저는 어려운 청소년 시절을 보냈다고 말했습니다. 그러자 그는 저를 보며 단지 웃었습니다. 그리고 말했습니다. "그래서 당신은 강합니다." 갑자기 저는 어떤 힘이 아버님으로부터 오는지 그리고 아버님의 엄격함이 제게 얼마나 중요한지 알아챘습니다. 저는 아버님과 아주 깊이 연결돼 있습니다.

언제나 그렇지 않았다는 겁니까?

그렇습니다. 모든 아이들이 그런 것처럼, 그건 성장입니다.

|저는 제대로 말하자면 청소년 시기가 없이 자랐습니다|

전쟁

17살 때 벌써 선생님은 국민에게 해로운 자가 될 수 있다는 낙인을 받고 군대에 입영했습니다. 선생님의 자유는 온전히 박탈되었습니다. 고등학교를 졸업한 오늘날의 독일 청소년들이 외국 여행, 실습, 대학 진학 또는 봉사를 위해 전세계로 나가는 것과 비교해서 드리는 말씀입니다.

소위 오늘날 말해지는 '자아실현'에 대해 어떤 생각을 할 여유가 없었습니다. 제대로 말하자면 저는 청소년 시기가 없이 자랐습니다. 그땐 그런 것이 없었습니다. 우리에겐 허락되어지지 않았습니다. 20살이 돼 집에 돌아왔을 때 전우의 절반은 사망했습니다. 제 형님도 살아오지 못했습니다. 그리고 거의 대부분 도시는 폐허 속에서 허덕이고 있었습니다. 그걸 직접 경험하지 못한 사람들은 그 모든 것이 무엇을 의미하는지 알 수 없습니다. 완전히 다른 생명감이었습니다. 그러나 그로부터 특별한 힘이 옵니다. 다른 사람들과 마찬가지로 저도 어떤 힘에 의하여 일하게 되었습니다. 어떤 것을 위해 사용되어진 것입니다. 조직과 집단에는 완성되지 않은 어떤 것을 완성하려는 압박이 있습니다. 예를 들면, 가족은 조상의 풀리지 않은 어떤 것을 후손에게 해결하라고 압력을 가합니다. 조직은 어떤 사람에게는 긍적적인 방향으로 또 다른 사람에게는 부정적인 방향으로 개인이 결정할 수 없게 강요합니다.

'긍정적', '부정적'이라니요?

긍정적이란 평범한 삶을 위해 다른 사람에게 좋은 것을 할 수 있는 것을 말합니다. 결혼하고 아이들을 낳고 그들이 독립할 때까지 키웁니다. 위대한 어떤 것입니다. 그들은 좋고 긍정적인 움직임과 공명에 있습니다.

다른 사람은 자신의 상황에서 살인자가 됩니다. 그는 그걸 피할 수 없습니다. 그는 자유로운 결정을 할 수 없습니다. 그도 높은 어떤 것에 의해 일하여지게 됩니다.

선생님은 '긍정적' 그리고 '부정적'이라고 말씀하십니다. 살인자에 대해 말씀하시면서, 선생님은 가치평가를 하시는 것 같습니다. 당연히 이 맥락에선 이해될 수 있지만…

우리가 그렇게 말하기에 저도 그렇게 말합니다. 제겐 같은 과정입니다. 양쪽 다 자유롭지 않습니다. 좋은 것을 위해서도 나쁜 것을 위해서도 자유롭지 않습니다. 저는 어느 쪽이 낫다고 생각하지 않습니다. 각자에게 주어진 운명입니다. 그가 속한 조직이 한 인간을 그렇게 하게 합니다. 이걸 넘어 나치나 공산주의와 같이 전 민족이나 인류를 엄습하고 덮쳐 정신없게 하는 아주 강한 움직임이 있습니다.

선생님은 그때 그렇게 체험하셨습니까?

그 전쟁에선 누구나 정신없었습니다. 저도 피할 수 없이 어떤 것에 연결돼 있었습니다. 죽을 뻔한 적이 한두 번이 아니었습니다. 지금 살아 있는 게 이상한 일입니다.

|여기 어딘 가에 독일 놈이 숨어 있다|

탈출

어떻게 살아남았습니까?

저는 서부전선 전투에 투입되었습니다. 많은 전우들이 전사했거나 중상을 입었습니다. 저도 간신히 살아남았습니다. 다른 길이 없어 지뢰밭을 걷기도 했으며, 아헨 근처에서 미군에게 잡혀 벨기에의 한 미군기지에 수용되었습니다. 1,600명의 포로는 날마다 10시간씩 미군 보급기지에서 일했습니다. 우리들은 별로 아이젠하워^{Eisenhower}의 지시에 따라 통상 중노동자가 필요한 열량의 반에 해당하는 음식물을 받아먹었습니다.

미군 보급기지에선 백만 톤의 음식물을 보내고 받아들이고 했습니다. 굶어 죽지 않기 위해 우리는 훔칠 수밖에 없었습니다. 훔치다 들키면 30일간 영창을 살아야 했습니다. 좁은 영창에서 50명이 눕지도 앉지도 못하고 서서 밤을 세워야 했습니다. 그리고 낮에는 12시간의 노동에 먹을 것이라곤 아침에 크래커 10개, 점심으로 4개 그리고 저녁으로 5개가 전부였습니다.

훔치다 처음으로 발각된 저는 어찌 된 일인지 모르지만 5일 만에 석방되었습니다. 30일간의 영창생활을 아무도 견딜 수 없었고, 대부분은 10일 내지 14일 만에 쓰러졌습니다. 아주 가혹한 조치였습니다. 철조망을 넘어 탈출을 감행하다 잡힌 5명의 전우는 그대로 총살당했습니다.

또다시 음식물을 훔치다 잡힌 저는 이번엔 유리창이 없는 막사에 갇혔습니다. 음식으론 빵과 물이 전부였으며, 겨울이었는데 모포 한 장도 없었습니다. 그즈음 훔치다 들켜서 잡힌 사람들은 구덩이를 파야 했고 또한 구타당했습니다. 그런 후 막사에 돌아와 머리를 완전히 깎였습니다. 그런데 제가 구덩이를 파고 있을 때 한 미군이 제 주위를 계속 쉬지 않고 돌았으며, 저는 구타당하지도 않았습니다. 막사에 돌아와서 심문도 받지 않았고 또한 머리도 깎이지 않았습니다. 아주 이상한 일이었습니다.

어떻게 설명하십니까?

그땐 저도 몰랐습니다. 제가 탈출한 후에 거기에 남았다 살아 나온 친구가 나중에 제게 설명했습니다. 제 감독관인 미군은 독일계 유대인이었습니다. 당연히 그는 독일말을 이해했지만 그걸 우리는 몰랐습니다. 많은 포로들은 그를 '호모'라고 놀렸지만 저는 그들에게 말했습니다. "그런 말을 하는 건 아니다." 그때 우리는 그가 이해하지 못할 거라고 생각했습니다만, 그는 모든 것을 이해했으며, 그러기에 저를 보호했습니다.

머리도 깎이지 않고 영창에서 나오자 저는 생각했습니다. 신호구나, 이제 탈출해야겠다. 영창에서 나온 후 5일이 되자 저는 벌써 탈출에 성공했습니다.

철조망을 넘었습니까? 아니면 다른 방법?

독일로 가는 보급열차에 제가 숨을 곳을 만들게 했습니다. 전우들은 열차 한 구석 음식 상자 사이에 숨을 곳을 만들었습니다. 쉽게 찾을 수 없게 만들었습니다. 한 수감자가 숨었다고 추측해서 가득 채워진 모든 차량의 짐을 다시 내리게 할 수는 없었습니다. 열차는 하루 종일 그 보급기지에 서 있었습니다. 밤이 되자 미군 경비들이 나를 찾기 위해 열차 안으로 올라왔습니다. 저는 그들이 말하는 것을 들었습니다. "여기 어딘 가에 독일 놈이 숨어 있다." 그러나 그들은 저를 찾지 못했습니다. 열차는 6일 동안 독일을 향해 갔습니다. 뷔르츠브르크 근처에서 저는 기차에서 뛰어내렸습니다. 그렇게 저의 전쟁과 포로생활은 끝이 났습니다. 일 년 동안의 포로생활이었습니다.

이런 비슷한 일이 때때로 제 생애에 일어났습니다. 저는 내면의 인도에 따라 결정합니다. 이제 이 절차가 타당하다는 것을 저는 알기 때문입니다.

그걸 어떻게 아십니까?

내면의 온전한 확신을 통해서입니다. 이번의 삶의 단계가 끝났다는 것을 저는 압니다. 그럼 저는 한시도 지체하지 않습니다.

| 자유롭지 않은 결정이었습니다 |

수도회

그때 선생님은 아주 젊었습니다. 19살이었습니다. 그런 확신을 가지고 직업을 선택했습니까?

다섯 살인가 여섯 살 때 이미 분명했습니다. 저는 신부가 되려고 했습니다. 전장에서 돌아와 육 주가 지나 저는 수도회에 들어갔습니다.

아무도 신부가 되라고 하지 않았단 말입니까?

그렇습니다. 저는 종교적인 장에서 자랐습니다. 되돌아보니 가족의 운명적인 얽힘과 연관됩니다. 그 결정은 자유롭지 않았습니다. 가족의 운명에 주어졌습니다.

많은 사람들도 생을 되돌아보며 선생님께서 말씀하신 인도를 가졌다고 말할 것 같습니다. 80세가 되어 선생님은 이제 말씀하십니다. 그때도 그걸 스스로 느꼈습니까?

아닙니다. 사람은 느끼지 않습니다. 조직으로서 가족은 알아봄에 한계를 짊어지웁니다. 되돌아보며 저는 유감스러워 하지 않습니다. 그 삶은 그 의미를 갖습니다. 저는 아무것도 아쉬워하지 않습니다. 그 경험들은 지금의 나를 만들었습니다.

자, 이제 선생님은 수도회에 입단했습니다. 어떠했습니까? 아주 적은 사람들만이 수도사로서 사는 것에 관해 압니다.

수도회에 입단하여 일 년 동안의 수련기를 가졌습니다. 정신적이고 영적인 생활로의 준비 기간이었습니다. 우리는 오직 명상, 공동 기도, 영적인 봉독 그리고 강연을 들었습니다. 저는 아주 깊이 서양 신비주의에 빠졌습니다.

우리가 요사이 하는 대로 단지 앉아서 명상합니까? 아니면, 다르게 합니까?

교회의 명상에서는 성경 구절, 비유, 역사물 또는 예수의 수난 등을 -만트라(한 구절을 계속 반복하는 방법)나 기도 없이- 주제로 합니다. 제겐 역사와 영성 연습으로의 입문이었습니다. 내면의 정화에 관한 것입니다. 한 가지 일에 집중하기 위해 연습합니다. 아주 엄한 배움이었습니다.

얼마 후 모든 연습을 하지 않습니다. 더 이상 기도도 하지 않습니다. 단지 조용히 정신 차려 허공을 봅니다. 이게 정신 집중입니다. 기본 태도에 있어 어느 정도 현상학적인 알아봄과 비슷합니다.

날마다 어떻게 하십니까?

아침마다 30분 간의 공동 명상 그리고 예배, 하루에 여러 번 찬양 예배, 그리고 시간이 있을 때마다 혼자 명상하기. 일 년 동안 다른 아무것도 하지 않았습니다. 영성으로 입문하는 오랜 수련기였습니다. 일 년이 지나 저는 3년 기한의 서원을 하고 수도회에 입회했습니다. 청빈, 순결 그리고 복종의 맹세였습니다. 3년이 지나면 평생 서원을 합니다.

명상하면 어떻게 변합니까?

정신 집중이 더 잘 됩니다. 스님들은 평생하십니다. 깊은 인식을 위해 준비합니다. 깊은 인식은 정신 집중을 필요로 합니다. 현상학적인 과정 즉 바라봄은 정신 집중에서 옵니다. 감춰진 것이 내면의 눈에 드러나 본질을 보일 때까지 하나의 일에 집중합니다.

선생님은 가족세우기하실 때 '정신 집중하여 세우세요' 하시는데, 스님들의 명상과 어떻게 다릅니까?

스님들의 명상과 아무런 차이가 없습니다. 정화를 통해 정신 집중에 이릅니다. 의도 너머에서 정신 집중은 일어납니다. 우리에게 선물로 나타난다는 말씀입니다. 정화는 감각의 밤에서 시작합니다. 시각, 청각 그리고 후각으로부터 방해받지 않기 위해, 감각적인 느낌들로부터 주의력을 돌립니다. 그럼 정신의 정화가 시작됩니다. 눈을 감으면 시각은 가려지고, 아무것도 듣지 않기 위해 정적과 평온으로 갑니다.

정신의 정화란 무슨 말씀입니까?

정신의 정화란, 지식과 호기심 그리고 모든 노력을 포기함을 말합니다. 이 정화가 감각과 정신에 의해 영향을 받지 않고 상황에 자신을 맡기게 합니다.

정신에 의해 영향을 받지 않는다는 것은 무슨 말씀입니까?

두려움이나 이론들, 이데올로기나 신앙 또는 신념 등에 의해 영향을 받지 않는 온전한 정신의 정화를 말합니다. 이 정신의 정화는 어느 정도 훈련할 수 있습니다. 그러나 삶의 상황에 의해 비밀에 쌓인 밤이 더해집니다. 신도 더 이상 아무런 역할을 할 수 없는, 신으로부터 버림받는 밤이 더해집니다. 온전히 암흑으로 던져진 상황입니다. 사람들은 삶에서 이걸 경험합니다. 이 암흑의 밤이 결정적인 정화입니다.

사람들이 계획하고 원한다고 해도, 사전에 연습할 수 있는 생명훈련이 아니죠? 그러기에 여기 독일에서 선생님을 공격하는 것 아닙니까?

가끔 저도 그렇게 봅니다. 암흑의 밤에선 잠정적인 것이 부서집니다.

정말 이해하고 싶습니다. 암흑의 밤은 아무런 보호를 받지 못한다는 의미로 신으로부터 버림받는다는 것과 관계가 없습니까?

관계가 있습니다. 완전한 비보호 상태입니다. 더 이상 어떤 것도 신뢰할 수 없습니다. 어떤 희망도 없습니다. 신에 관한 상뿐만 아니라 신을 향한 희망으로부터도 정화됩니다. 그걸 통해 완전히 다른 길에, 다른 차원에 다다릅니다. 감각과 정신 그리고 의지의 이 큰 정화의 길에서 우리는 결국 깊은 통찰에 도달합니다.

교회에서만 그런 건 아닙니다. 인류의 보물입니다. 모든 종교에서 우리는 이 길을 선택하여 그에 의해 이끌린 사람들을 만납니다.

불교에서는 비움이라고 합니다. 선생님이 말씀하신 정신 집중과 비움은 같은 것입니까?

정신 집중과 비움은 함께 하나의 전체를 이룹니다. 제가 서술한 것이 원래 빔의 과정입니다. 어떤 것이 비워집니다. 그러나 어떻게 비워집니까? 모든 것에 존재하는 그대로 동의함으로 빔에 이릅니다. 이 동의는 사랑의 움직임입니다.

우리들의 첫 번째 책 제목은 『존재를 존중함』(2002년 11월 '삶의 얽힘과 풀림에 관한 버트 헬링거와의 대화'란 제목으로 한국어로 출판되었음)이었습니다. 이제 선생님은 '모든 것에 존재하는 그대로 동의한다.' 하시는데, 그 차이는 무엇입니까?

이 동의는 선과 악의 구별을 포기합니다. 동정이나 후회 또는 유감이 없습니다. 예를 들면 죄에 대해 유감이나 동정, 후회가 없습니다. 아무런 요구나 희망, 비난이 없습니다. 존재하는 대로의 세계에 동의합니다. 그리하면 정신 집중과 빔 그리고 충만이 함께 옵니다. 비우게 됨에서 동의를 방해하는 어떤 것이 사라집니다. 또한 동의를 통해 저는 비우게 됩니다. 온전히 동의하는 태도에서 그리고 자신의 모든 소원과 의지를 포기하는 태도에서 현실에 저를 완전히 맡깁니다.

그럼 실재는 스스로 말하기 시작합니다. 제가 실재로부터 어떤 것을 원하면 실재는 나로부터 물러납니다. 제가 실재 위에 나를 놓지 않으면, 실재는 나에게 본질적인 어떤 것을 보입니다. 그리스 말로 진리란 감춰지지 않은 어떤 것입니다. 진리는 밖에, 내 안이 아닌 저기에 있습니다. 내가 얻은 결론에 있지 않습니다. 진리는 나에게 다가옵니다. 단지 부분만 보입니다. 결코 전체를 보이지 않습니다.

선생님이 방금 말씀하신 것은 현상학적인 방법입니다. 구체적이지도, 행동을 향하지도 않는 철학적인 냄새가 납니다.

이 인식의 길에서 나타난 것은 언제나 가능한 행동의 관점에서 자신을 보입니다. 이 길에서 얻어진 통찰은 새로운 행동을 가능하게 합니다. 적용이 없는 통찰은 아무런 소용이 없기에 스스로 다시 자신을 닫습니다.

가족세우기와 관련시켜서 볼 때 무슨 의미가 있습니까?

가족세우기는 적용된 통찰입니다. 가족세우기란 방법을 통해 많은 결정적인 통찰들이 드러났습니다. 가해자를 저주하는 대신 가족 안에 자리 잡게 하는 것은 가족세우기를 통해 드러난 통찰입니다. 그런데 그런 나를 사람들은 비난합니다. 판단하지 않고 존재하는 모든 것에 내가 동의한다면, 가해자에 대한 나의 태도는 단지 이 인식의 길의 결과입니다.

20살에 전장에서 돌아오자마자 선생님은 바로 이 길을 가셨습니다. 요새는 아무도 그렇게 하지 않습니다. 훈련, 명상 그리고 침묵 등 그런 것이 언제나 맘에 들었습니까? 아주 특별한 것입니다.

맘에 들었습니다. 저의 전 생애를 통해 그렇게 했습니다. 대학에서 철학과 신학을 전공할 때도 저는 매일 아침 수도원 공동체에서 함께 명상하고 기도했습니다. 그리고 나서 대학에 강의받으러 갔습니다. 수도회는 오랜, 확인된 영적 전통을 따릅니다. 많은 사람들은 교회의 영적 근원을 잊고 있습니다. 모든 위대한 종교는 같은 본질적인 것을 갖습니다. 저를 위해 수도원 생활은 아주 가치 있는 것이었습니다. 저는 고마워 하면서 그 시절을 회상합니다.

|저는 전혀 몰랐습니다|
선교사로서 아프리카로

아프리카에서는 어떠했습니까? 거기에서도 그렇게 살았습니까?

예, 그렇습니다.

25년 동안을 그렇게 살았단 말씀입니까? 45세가 돼 수도회를 나올 때까지? 아무도 쉽게 따라 할 수 없는 평생학교와 같습니다.

그렇습니다. 저도 그렇게 생각합니다. 고도의 자율이 요구됩니다.

선생님이 예수회보다 마리안힐러 수도회에 입회한 것은 더 넓은 세계로 나가기 위한 것이었습니까? 선교사가 돼 예수를 전파하고 이방인들을 개종시키려 하셨습니까?

제가 정말 무엇을 할지 저는 전혀 몰랐습니다. 실제 삶은 생각과 전혀 다르게 흐릅니다. 남아프리카에 도착해서야 저는 선교사가 무슨 일을 하는지 알았습니다. 무엇보다 저는 문화사업을 지도했습니다.

    마리안힐러 선교회는 트라피스텐 수도원에서 발전했습니다. 남아프리카의 대주교 한 분이 오스트리아의 한 수도원장으로 하여금 남아프리카에 수도원을 세우게 했습니다. 그 수도원장이 트라피스트였습니다. 마리안힐러는 그분이 설립한 수도원의 이름이었습니다.

    트라피스텐 사람들은 오직 일하고 기도만 합니다. 아주 엄격한 명상적인 수도회입니다. 그들은 목회는 하지 않습니다. 각 수도원은 경제적인 자립체입니다. 그들은 모든 것을 스스로 해결해야 합니다. 전기를 자가발전으로 공급하였고 수도체계를 갖췄으며, 자급자족으로 농사도 지었습니다.

모두 어떤 일을 해야 한단 말입니까?

트라피스텐 사람들은 성 베네딕트 규칙을 따랐습니다. 그 규칙은 '일하라, 그리고 기도하라'입니다. 노동이 아주 중요한 역할을 합니다. 그것도 중노동입니다. 그리하여 마리안힐러 수도원은 300명의 수도사를 가진 세계에서 가장 큰 트라피스텐 수도원으로 발전했습니다. 대부분 신학 공부를 하지 아니한 노동하는 수도사들이었습니다. 신부는 극히 소수였습니다.

    얼마 후 그들은 토착민과 교류를 시작했습니다. 농사법을 가르치고 학교를 세웠습니다. 천천히 선교가 시작됐습니다. 많은 토착민이 세례를 받았고, 그리하여 교회가 생겼습니다. 선교가 무엇인지 저는 거기에서 배웠습니다. 학교를 세우고, 농사법을 가르쳤습니다. 남아프리카 토착민인 줄루스는 원래 가축을 키우는 유목민이었습니다.

    선교는 첫째 농사일을 가르치는 것이었습니다. 그와 함께 복음이 전파됐고 교회가 여러 곳에 세워졌습니다. 그렇게 저는 쉽게 일할 수 있었습니다. 후에 교구의 모든 학교를 감독하였고 선생들을 교육시켰습니다. 그리고 마지막에는 엘리트 고등학교의 교장으로 있었습니다. 그때 저는 그룹 다이나믹을 알게 되었으며, 그룹 다이나믹은 제가 성장하는 데 아주 많은 도움을 주었습니다.

그렇게 잘 지내시다 왜 다시 독일로 오셨습니까?

그때 저는 신학에 아주 관심이 많았으며, 신 신학도 잘 알고 있었습니다. 그래서 종교시간에도 거기에 맞게 수업을 하였습니다. 그러자 교회에 맞게 교육시키지 않는다고 사람들은 저를 비난했습니다. 제 주교도 같이 비난하기에 저는 말했습니다. "저를 믿지 못한다면, 저는 교장직을 그만두겠습니다."

신 신학이라니 무슨 말입니까?

제 전문은 성서를 학문적으로 접근하는 것이었습니다. 성서의 현대적인 해석은 많은 것을 다르게 나타나게 했습니다. 예를 들면 성탄절에 얽힌 많은 부분들은 역사적인 진실과 거리가 멉니다. 사도 바울의 많은 편지도 마찬가지입니다. 많은 편지는 그가 쓴 것이 아닙니다. 오늘날에는 일반적인 상식입니다. 이제 와서 보면 이러한 논쟁은 별것도 아니며, 벌써 지났습니다. 아무튼 저는 교장직을 그만두었습니다.

그럼에도 선생님은 남아프리카를 떠나 독일에 와서 마리안힐러의 사제 교육 학교장이 되었습니까?

그렇습니다. 모순입니다. 남아프리카에서 저는 반쯤 이단자이지만, 독일에서 사제교육을 담당했습니다. 그렇게 저는 독일로 돌아왔습니다. 그 시절에 저는 심리분석 교육을 받기 시작했습니다. '새로운 세계로' 가기를 시작합니다. 또한 심리치료를 시작했습니다. 제 삶은 이렇게 유기적으로 점점 성장했습니다. 나중에 결국 수도회를 떠납니다.

흑인들 사이의 백인으로서 어떻게 식민지적 또는 선교적인 태도 없이 지내셨습니까?

우린 대등하게 만났으며, 서로 존경했습니다. 저는 백인이었기에 한 번도 흑인이 되려고 하지도 않았고, 흑인처럼 말하려고 하지도 않았습니다. 그 점을 그들은 높이 샀습니다. 동시에 저는 그들로부터 많은 것을 배웠습니다. 저는 그들을 아주 존경했으며, 그들로부터 좋은 인상을 받았습니다.

어떤 인상을 받았습니까?

우선 그들의 부모를 향한 존경입니다. 또한 어머니들이 자녀를 키우면서 갖는 안정감입니다. 자녀들과의 어려움을 그들은 모릅니다. 그들은 자녀가 무엇을 필요로 하는지 압니다. 어머니들은 언제나 자녀에게 사랑으로 향하고 있습니다. 거기선 모두 자신의 체면을 지킵니다. 또 예를 들면 그들은 교회 회의에서 해결을 얻을 때까지 서로 정말 진지하게 토론합니다. 이러한 상호 교제가 제게 아주 인상 깊게 남았습니다.

선생님은 55년 동안이나 명상과 묵상 그리고 학문과 치료로 세월을 보낸 한 남자입니다. 선생님의 생애에 가장 중요한 것은 무엇이었습니까?

내면에서의 성장이 언제나 제겐 관심사였습니다. 아프리카에서의 경험이 제게 아주 많은 도움이 되었습니다.

내면의 성장이 오직 기독교 신앙으로만 가능하다고 그때 확신하셨습니까?

다른 사람들도 좋은 사람이라는 것을 저는 쉽게 알았습니다. 신앙이 아니라 무엇보다 삶의 경험에서 선함이 옵니다.

선생님의 삶을 뒤돌아볼 때, 내 삶이 길을 잃고 헤매고 있구나 한 때는 없었습니까?

삶에서 길을 잃고 헤매지 않은 사람을 만난 적 있습니까? 나의 방황은 내 삶의 과정이 아니라 시대정신과 관계가 있습니다. 저는 다르게 질문합니다. 마지막에 볼 때 잘못된 삶이 있습니까? 아프리카에서 저는 제가 제대로 살고 있다고 느꼈습니다. 결코 후회한 적이 없습니다. 남아프리카에 뼈를 묻으려고 했지, 독일로 다시 돌아올 생각은 꿈에도 한 적이 없습니다. 소위 상황이 제게 강요했습니다.

이별이 어렵지는 아니했습니까?

이별이 제게 어려운 적은 한 번도 없었습니다. 저는 아주 빠르게 앞을 향합니다.

선생님은 1964년 남아프리카에서 그룹 다이나믹을 알게 되었습니다. 치료 세계와 처음으로 만났습니다. 그것이 선생님의 생애에 전환점이 되었습니까?

어쨌든 제 발전에 중요한 계기가 되었습니다. 성공회 신부들이 세미나를 조직했습니다. 흑인, 백인, 인도 사람, 혼혈인, 천주교인, 기독교인 등 모두가 와서 같이 배웠습니다. 인종차별이 없는 모임이었습니다. 그때 그런 일은 들어 본 적이 없는 일이었습니다.

왜 그렇습니까?

모든 인종과 또한 종교가 다른 사람들이 함께 모인다, 그것도 분리 정책의 나라에서. 제게 믿을 수 없는 경험이었습니다. 사람을 인종과 종교에 따라 나누는 것이 여기에서는 완전히 종식됩니다.

저는 사제였고 성공회 신부들과 아무런 교제가 없었습니다. 한 번 만나서 저는 그들이 얼마나 경건한가를 봤습니다. 그들은 정말 경건합니다. 저는 아주 많은 인상을 받았습니다. 단번에 저는 우리 모두가 한 배에 타고 있으며, 외적인 구별인 피부색이나 종교는 전혀 중요하지 않다고 느꼈습니다. 옳게 살려면 신앙이 있어야 한다고 생각했었는데, 신앙이 없는 사람들도 좋은 사람이라는 것을 거기에서 체험했습니다.

|사람이냐, 아니면 이상이냐?
당신은 무엇을 위해 무엇을 희생시킵니까?|

그룹 다이나믹

저의 결정적인 체험은 첫 번째 세미나에서의 질문이었습니다. 무엇이 중요합니까? 사람입니까? 아니면 이상입니까? 당신은 무엇을 위해 무엇을 희생시킵니까? 사람을 위해 이상을 희생시킵니까? 아니면 이상을 위해 사람을 희생시킵니까? 그러자 제가 선교사 일을 하면서 자주 사람들을 제대로 보지 못했다는 것이 분명해졌습니다. 이 통찰이 결정적이었습니다. 그때부터 제 방향은 바뀌었습니다. 학교에 돌아오자마자 저는 그룹 다이나믹을 적용했습니다. 치료 분야로 들어섰습니다. 영혼의 경험 세계로 들어왔습니다.

그전에는 어떻게 일하셨습니까?

신앙과 도덕이 모두에게 적용되는 것처럼 하는 교회의 태도로 저는 일했습니다. 그리하여 각자가 신앙과 도덕에 맞게 행동하여 구원받게 합니다. 성공회 신부들과의 만남에서, 무엇보다 인간이 가장 중요하게 다시 제게 다가왔습니다. 그분들께 저는 아주 고마워하고 있습니다.

이상을 가지고 일할 때와 그 후가 어떻게 바뀌어졌습니까? 예를 들어 주시겠습니까?

예, 제가 어떻게 변했는가 말씀드리겠습니다. 독일로 돌아와 사제직을 준비하는 세미나를 지도했습니다. 전과 다르게 저는 모든 학생들에게 사제직과 더불어 다른 직업도 배우라고 권고했습니다. 저는 더 이상 사제들을 '만들'려고 하지 않았습니다. 정말 자유롭게 결정하기 위해 다른 직업도 배우도록 했습니다.

심리치료 분야에서도 같습니다. 심리치료사로 교육을 받으면, 자신이 속한 심리치료 방법의 이상에 자신을 희생시킵니다. 그 학파에 맞게 행동해야 하며, 그로부터 벗어나면 안 됩니다.

모든 직업에서도 마찬가지가 아닙니까? 법률가, 의사 그리고 선생님 등….

아닙니다, 다릅니다. 그런 직업에서는 영혼에서 자신을 변화할 필요 없이 어떻게 하는가를 배웁니다. 그러나 치료 분야에서는 정해 준 대로 보아야 하기에 새로운 감지는 금지되기도 합니다.

그러기에 저는 어느 학파에도 속하지 않습니다. 속하려고 노력했지만, 다행히도 되지 않았습니다. 그러기에 저는 제한 없이 감지할 수 있으므로 자유롭습니다.

선생님께서는 어떤 학파가 아닌 자신의 것을 이뤘다고 말할 수 있습니까? 선생님을 통해 하나의 학파가 생기지 않았습니까?

제 이름이 언제나 함께한다 해도 제 학파는 아닙니다. 자신의 것을 만들지 않았습니다. 단지 제 통찰을 따랐습니다. 통찰을 알리고 그 적용을 보였습니다.

선생님은 통찰을 전파시켰습니까?

아닙니다. 알렸습니다.

어떤 차이가 있습니까?

전파하는 것은 사명감에 찬 광신이 함께합니다. 그러나 알림은 단지 알림입니다. 아주 큰 차이가 있습니다.

선교사나 사제가 아닌 그룹 다이나믹을 지도하는 사제학교 교장으로서 독일로 돌아오셨습니다. 무엇이 변했습니까?

독일로 돌아와 그룹 다이나믹 세미나를 지도했습니다. 그때 독일에선 그룹 다이나믹은 새로운 것이었고, 제가 경험이 많았으며 무엇보다 구체적 적용에서 경험이 많았기에 많은 사람들이 저를 찾았습니다. 교회와 수도원에 의지하지 않고 살 수 있게 되었습니다. 필요하다면 경제적으로 독립할 수 있게 되었습니다. 이제 새롭고 중요한 상황으로 왔습니다.

오늘날 그룹에 참가하여 치료에 함께하는 것은 그렇게 특별한 것이 아닙니다. 그런데 70년대 초 그것도 남아프리카에서 가톨릭 선교사로서 그룹 다이나믹에 참가하셨는데, 선생님은 그때 거기서 무엇을 배웠습니까?

저는 그룹의 한 부분이었습니다. 그룹에 의존돼 있지만, 동시에 그룹에 영향을 끼쳤습니다. 자아와 결정의 자유에 대한 저의 환상이 교정되었습니다. 아주 중요한 성장 과정이었습니다.

사제교육을 받기 시작할 때부터 우월한, 선택된 자리에 옵니다. 적어도 그땐 그랬습니다. 언제나 앞에 서야 하기에 쉽게 다른 사람과의 관련을 잃습니다. 그룹 다이나믹에선 다릅니다. 한가운데에 옵니다. 갑자기 모두가 함께 중요한 한 형태장의 부분이 됩니다. 저의 정신과 영혼의 지평선을 상상할 수 없게 넓혀 줬습니다. 거기에 저를 맡기고 일상생활에서 실천했습니다.

인간관계를 위해 무엇을 배웠습니까?

그룹 다이나믹은 아주 좋은 방법입니다. 그러나 성공은 지도자 내면의 태도에 아주 많이 달려 있습니다.

얼만큼?

지도자가 그들에게 사랑으로 향하고 있느냐입니다. 그들의 성장을 정말 원하느냐입니다. 성장이 제겐 이정표입니다. 요즈음 제가 그룹을 지도할 때도 마찬가지입니다. 저는 그 능력을 배웠습니다. 새로운 능력입니다.

선생님의 일상생활에서 그것이 어떻게 보여집니까?

한번은 사제교육을 받고 있던 교육생들이 제게 와 질문했습니다.(농담하면서 저를 시험하려고) 여자 손님을 방에서 맞을 수 없겠냐고.

그땐 그런 것이 당연히 사제교육을 받는 교육생들에겐 특히 금기였습니다. 저는 그들에게 말했습니다. 기꺼이 허락하는데, 단 조건은 전체 교육생이 동의해야 한다고. 저는 그 책임을 제가 지지 않고 그들에게 책임을 되돌려주었습니다. 그들은 자신들의 의도가 아무런 가망이 없다는 것을 금방 알아챘습니다. 또한 그들은 저를 그들이 원하는 대로 할 수 없다는 것을 알 수 있었습니다.

다른 예를 들겠습니다. 로마에 있는 제 윗사람들은 제게 학생들에게 전하라고 하면서 가끔 어떤 지시들을 내렸습니다. 저는 그들에게 말했습니다. "언제나 직접 오셔서 스스로 학생들에게 말하십시오." 그러자 아무도 오지 않았습니다. 다시 말하면 저는 자신의 책임을 다른 사람에게 미뤄 스스로 책임지지 않고 그 사람에게 책임을 미루는 구조를 간파하여 그에 맞게 행동했습니다. 소용 없는 많은 일을 하지 않아도 되었습니다.

| 저는 떠납니다 |

수도사 시절과 이별함

선생님이 치료자로서 어떻게 계속 성장하셨는가가 제 흥미를 끕니다.
저는 그룹 다이나믹이 제 내면과 영혼을 성장하려면 충분하지 않기에 다른 어떤 것을 해야 한다는 것을 금방 알았습니다.

저는 우선 심리분석을 저를 위해 그러고 나서 직업교육으로서 시작했습니다. 제가 속한 수도회와 아무런 문제가 없었습니다. 저는 분명했고, 경제적으로 의존돼 있지 않았기에 수도원장도 제게 아무런 영향력을 행사할 수 없다는 것을 알았습니다. 직업교육으로서 심리분석을 비인에서 시작했으며 거기에서 살았습니다.

수도회 시절입니까?
그렇습니다. 그분들은 그렇게 할 수 있는 자유를 주었습니다.

그럼 누가 지불했습니까?
제가 지불했습니다. 저는 그룹 다이나믹 지도자였으며 경제적으로 독립한 상태였습니다. 제 윗사람도 제가 그렇게 하는 것에 동의했습니다.

다음 중요한 단계는 루 콘Ruth Cohn과의 만남이었습니다. 그녀는 우리에게 게쉬탈트 치료에 관해 이야기했습니다. 그게 무엇인지 아무도 몰랐습니다. 그녀는 설명보다 실제 보여 준다고 하면서, 누가 뜨거운 의자에 앉을 건가 질문했습니다.

뜨거운 의자라니, 무엇입니까?

뜨거운 의자란 치료자가 의뢰인과 함께 일하는 의자입니다. 그 의자에서 사람들은 아주 뜨거워질 수 있습니다.

저는 그 의자에 앉았고 루 콘은 저와 일을 아주 잘했습니다. 그녀의 도움으로 저는 제 미래를 바라보았습니다. 여기에서 사제직과 수도회를 떠나 결혼할 거라는 것이 제게 분명하게 되었습니다. 그리고 그룹 모두에게 한 사람씩 돌아가며 말했습니다. "저는 떠납니다." 저는 아주 감동했습니다. 결정은 이미 내려졌지만, 실행하려면 더 시간이 필요했습니다.

사제직을 그만두는 것이 분명한데도 계속 전과 같이 일했습니다. 넉 달이 지나 수도회 사람들에게 그룹 다이나믹을 지도하기 위해 로마로 갔습니다. 거기에서 만난 미국 목사와 여러 가지 이야기를 나누는 중 갑자기 분명하게 되었습니다. 행동할 시간이 됐구나. 로마에서 저는 수도회를 탈퇴하는 절차를 밟았으며, 그 후로는 모든 것이 아주 빨리 되었습니다.

얼마 있다 제 부인을 만나 결혼했습니다. 심리분석 교육을 비인에서 계속했으며, 계속 그룹 다이나믹 지도자로 일했습니다. 일 년 후 심리분석 교육을 끝내고 부인과 함께 잘츠부르크 근처의 독일로 이사하고 잘츠부르크 심층심리학 학회에 입회했습니다.

그전에 아르투어 야노프Arthur Janov의 『원초적 울부짖음』이란 책을 손에 넣게 됐습니다. 금방 매혹되어서 제 그룹 다이나믹에 참가한 사람들에게 시험해 보았습니다. 원초적 울부짖음을 통해 가능하게 된 것은 믿을 수 없는 것이었습니다. 그래서 잘츠부르크 심층심리학 학회에서 강연해야 할 때, 저는 그 책에 관하여 보고하였습니다. 단지 보고만 했습니다. 그 후 학회 회장인 카루소Caruso 교수가 저를 불러 말했습니다. 내가 학회를 떠나야 하며, 또한 그들은 나를 심리분석가로 인정하지 않는다고 했습니다. 그 이유를 그의 말 그대로 반복합니다. "정통교회의 주교로서 나는 당신과 같은 '예수 사람들'과 같이할 수 없습니다." 그들은 나를 축출했습니다.

그때가 60년대 말이나 70년대 초였죠? 그때 '예수 사람들'은 교회의 최초 평교인 운동이었습니다. 그들은 많은 사람들에게 좋은 인상을 주었습니다. 그리고 심리분석은 빌헬름 라이히Wilhelm Reich에 의해 68세대에겐 그렇게 중요하게 받아들여지지 않게 되고, 심리분석은 인간중심적인 다른 치료 방법과 경쟁하게 됩니다. 이제 선생님이 설상가상으로 어렵게 된 것같이 들리는데요?

맞습니다. 저는 계속 찾았습니다. 무엇이 제게 맞을지 몰랐습니다. 그러나 제가 경험했던 모든 치료 방법은 저를 풍부하게 했습니다. 그러다 원초적 치료 방법을 배우기 위해 미국의 야노프에게 갔습니다. 미국에 가기 전 파니타 잉글리쉬Fanita English에게서 초월분석을 배웠습니다. 그녀는 우리에게 초고분석을 알려 주었습니다.

'초고분석'이라니, 그건 또 무엇입니까?

초고분석은 에릭 번Eric Berne의 초월분석 과정에서 도입되었습니다. 에릭 번은 모두가 알려지지 않은 시나리오를 따라 사는 것을 관찰했습니다. 그 시나리오의 내용을 드러나게 함으로, 사람들은 내용을 고칠 수 있습니다. 초고는 우리를 아주 감동시키는 이야기나 동화에 숨어 있습니다. 다섯 살 전과 최근 이 년 동안의 이야기를 고르게 합니다. 이 두 이야기를 비교하면 우리는 공통의 것을 발견합니다. 이게 바로 초고입니다. 저는 이 방법을 제 그룹에서 시도해 보았는데 굉장한 효과를 보았습니다. 에릭 번의 책『안녕하십니까? 말한 뒤 당신은 무슨 말을 합니까?』에 초고분석이 자세하고 쉽게 설명돼 있습니다.

구체적으로 초고분석을 설명하실 수 있습니까?

한 여자 참가자가 자신을 감동시킨 첫째 동화로서『잘 자거라, 잘 자거라』와 두번째 이야기로서『검은 거미』를 선택했습니다.『검은 거미』란 책에는 마약 중독자들이 마약을 얻기 위해 화학공장에 어떻게 침입하는가에 관한 이야기입니다. 그들은 화학공장에 침입하여 가스통을 엎지르는데, 거기에서 발생한 독가스가 주위의 모든 생명을 죽입니다.

그녀는 혈우병이 유전되는 집안에서 태어났습니다. 그녀의 두 오빠와 한 남동생은 태어난 지 몇 주 후에 모두 죽었습니다.『잘 자거라, 잘 자거라」는 그들을 위한 진혼곡이었습니다.

저는 그것도 모르고 제 아이들에게 제가 지은 가사로 불러 주었습니다만, 「잘 자거라, 잘 자거라」란 노래는 어떻게 끝납니까?

마지막 절은 다음과 같습니다. "잘 자거라, 잘자거라, 천사들의 보호를 받아 잘 자거라, 천사는 네가 꿈꿀 때 아기 예수의 나무로 너를 부쳐 줄 거다. 죽은 듯이 자거라, 달게 자거라, 꿈에 천당을 보거라." 사실 이건 죽은 아이를 위한 진혼곡입니다. 두 번째 이야기인 『검은 거미』와 연결하여 보면 그녀의 초고가 드러납니다. 그녀는 죽음의 씨를 자신의 몸 안에 가지고 살기에 다른 사람이 죽을까 두려워합니다. 그녀는 두 아들이 죽을까 공포를 갖습니다. 초고의 심각성이 이제 드러납니다.

가족세우기를 모르고 계셨는데 어떻게 하셨습니까?

저는 그녀에게 그녀의 유전병에 대해 남편이 무어라 하는지 질문했습니다. 그녀는 말했습니다. "제 남편은 나를 나인 그대로 사랑합니다." "그럼, 아이들은?" "아이들도 같습니다."

그녀가 아이들에게 유전인자를 주었어도 사랑받고 있다는 것에 그녀는 내면 깊이 감사해했습니다. 초고로부터 나올 수 있는 큰 걸음입니다. 그리하여 그녀는 더 이상 독가스를 보지 않고, 운명에 그대로 동의합니다.

에릭 번은 초고로부터 나오게 하는 특별한 풀림의 문장을 말합니다. 저도 제 그룹에서 그렇게 했습니다. 그러자 얼마 후 저는 두

러움을 가져, 그 문장들이 아주 좋게 작용하는데도 중단했습니다. 아주 나중에 가족세우기에서 다시 사용했습니다.

무엇에 두려움을 가졌습니까?

제게 너무 큰 어떤 것을 제 것으로 했습니다. 그래서 더 이상 그렇게 하지 않고 물러섰습니다.

풀림의 문장 이외에 또 무엇을 배웠습니까?

얼마 후 초고가 자신의 경험에서만 오지 않고, 운명적인 얽힘에서 오는 것을 알았습니다. 예를 들자면, 세익스피어의 오델로를 첫 번째 초고로 택한 남자는 어린아이였을 때 오델로가 무엇을 의미하는지 직접 경험할 수 없습니다. 그래서 저는 질문했습니다. "당신 가족에서 누가 질투 때문에 살인했습니까?" "할아버지가 연적을 살해했습니다." 그러자 많은 초고들은 가족에게 일어난 사건들과 관계가 있다는 것이 제게 분명해졌습니다. 운명적인 얽힘에 대한 통찰으로의 첫걸음이었습니다. 가족세우기를 시작하게 한 것입니다.

| 50세까지 저는 준비가 덜 되게 느꼈습니다 |

성장 단계들

원초적 치료는 선생님께 어떤 의미를 갖습니까?

저는 5개월 동안 아르투어 야노프에게서 배우고 나서 그의 제자에게 4개월 동안 더 배웠습니다. 제게 믿을 수 없이 중요했지만, 그럼에도 원초적 치료는 좁은 길로 이끄는 것을 알았습니다. 퇴행에 머물러 더 이상 성장하지 못할 위험이 있습니다. 여기에서의 많은 느낌들은 드라마틱하지만, 아무런 힘이 없습니다. 이제야 저는 그 느낌들을 2차적 느낌이라 명명합니다. 그땐 몰랐습니다.

어떻게 배우셨습니까? 일 주일에 두 번 치료받으러 갑니까?

아닙니다. 날마다 여러 시간에 걸쳐 치료받습니다. 어린아이의 시절과 그때의 느낌으로 되돌아갑니다. 치료자의 도움으로 원래의 느낌들을 아주 강하게 표현합니다. 그 느낌들이 본래적인 한, 해방시켜 주는 효과를 갖습니다. 어떤 연습은 감정에 빠지게 하여 그 반대 효과를 가집니다. 그럼 퇴행을 조장하여 어린 시절과 이별을 방해합니다.

아홉 달 동안 날마다 가서 울부짖었다고요? 180일 동안이라니 믿을 수 없이 긴 시간입니다.

그렇습니다. 그 모든 과정을 제 몸으로 받아들였습니다. 그러자 더 하다간 쉽게 연극이 될 수도 있겠다는 것을 알아챘습니다.

그걸 어떻게 알아챘습니까?

우리 중 누가 생일이 되면 생일 케이크를 받고 나서 그는 울어야 합니다.

왜, 그렇습니까?

어렸을 때 받을 수 없는 것을 이제 받았으니, 그렇게 하는 게 의무입니다. 언젠가 한 여자가 모임이 끝나고 생일 케이크를 받았습니다. 그녀는 심리치료사였는데, 가슴이 찢어지게 울었습니다. 나중에 그녀에게 물었습니다. "연극 같았는데요?" "그래요, 여기선 그렇게 연극을 해야 합니다." 그렇게 되면 그건 자유나 성장과 아무런 상관 없는 행동규칙입니다.

나중에 저도 원초적 치료를 했습니다. 아홉 달 동안 치료를 해야 한다는 지시에 반해 넉 달 걸리게 치료를 시작했습니다. 그러다 나중에 4주로 줄였습니다.

치료가 계속되면서 저는 원초적 아픔은 아주 어렸을 때에 아버지나 어머니에게 갈 수 없는 움직임이 원인이라는 것을 알았습니다. 치료자의 도움으로 태어날 때까지 갑니다. 그리고 나서 어머니나 아버지에게 가게 합니다. 그게 전부입니다. 그리하여 저는 조직적인 운명적인 얽힘은 가족세우기, 직접 체험한 외상은 원초적 치료를 적용했습니다.

무엇 때문에 선생님은 여러 가지 치료 방법을 직접 체험하셨습니까?
남에게 주려고 한 게 아니라 저를 위해 모든 치료를 받았습니다. 제겐 새로운 수련기와 같았습니다. 그래서 오래 걸렸습니다. 50세가 될 때까지 걸렸습니다. 50세가 되었어도 저는 아직 부족하다고 느꼈습니다. 저는 계속 찾았습니다. 그 후에야 제게 분명해졌습니다.

그렇게 오랜 치료 과정에서 선생님의 질문은 무엇이었습니까?
질문은 없었습니다. 그저 저를 맡겼습니다. 저는 배우려 했습니다. 실제 체험을 하려 했습니다. 나에게 무엇이 일어나는가 보려 했습니다. 제게 맞지 않은 어떤 것은 즉시 중단했습니다.
  저는 초고분석에 즉시 진동했습니다. 거기에서 느꼈습니다. 성장이 가능하구나. 원초적 치료에서도 처음엔 비슷했습니다만 언젠가 느꼈습니다. 어떤 것이 학파가 되어 행동규칙을 배워야 하고, 통제받으면 그 어떤 것은 죽는다는 것을. 그러기에 저는 계속 갔습니다.

선생님은 밀톤 에릭슨 Milton Erickson에 의한 최면치료와 NLP를 또 배우셨습니다. 에릭슨의 어떤 점에 선생님은 매혹됐습니까?
그는 의뢰인을 존경합니다. 그리고 그는 의뢰인의 움직임과 함께합니다.

몸의 움직임을 말씀하시는 겁니까?

그렇습니다. 저는 아주 많이 배웠습니다. 예를 들어, 누군가 이야기하면서 고개를 좌우로 흔들면 그가 말한 것은 맞지 않을 때가 많습니다. 또는 제가 말할 때 고개는 끄덕이고는 부정하는 사람도 있습니다. 그럼 제가 제대로 맞춘 것입니다. 또는 가족세우기에서 앞에 있는 사람을 보지 않고 지나쳐 보면 그쪽에 사람을 세웁니다. 이 작은 움직임이 가장 중요할 때가 많습니다. 그리고 에릭슨은 의뢰인이 말한 모든 것에 즉시 동의합니다. 의뢰인의 몸으로부터 온 아주 작은 신호에 주의를 기울여, 그의 본래적인 갈망을 알아챕니다. 의뢰인의 갈망은 그가 말한 것이 아닐 때가 더 많습니다. 그리고 에릭슨은 금방 드러나지 않는 에움길을 통해 의뢰인에게 저 깊이에서 알맞은 길로 이끕니다.

에움길을 더 설명해 주시겠습니까?

예를 들자면, 상담하러 커플이 그에게 옵니다. 그럼 그는 아무런 말 없이 그들을 산책시킵니다. 그들이 돌아오면 묻습니다. "어땠습니까?" 남자가 대답합니다. "아주 좋았습니다. 세상은 활기에 차 있었습니다." 여자는 말합니다. "뭐라고! 활기에 넘친다고, 모든 게 시시하던데." 그럼 에릭슨은 아무 말 없이 그들을 돌려보냅니다. 2주 후 그들은 헤어집니다. 에릭슨은 그렇게 일합니다.

요새도 선생님은 최면치료를 사용하십니까?

가끔 저절로 사용하게 됩니다. 상하이에서 가족세우기를 하는데 정신병 환자가 오더니 제 곁에 앉자마자 트랜스 상태에 빠졌습니다. 15분 후 깨어난 그는 제게 고마워 했습니다. 아무런 대화도 없었습니다. 정신 집중이 잘되게 하기 위해 저는 한 목소리로 말합니다. 또한 저는 단순한 단어를 사용합니다. 이 모든 것을 에릭슨에게서 배웠습니다.

NLP에서 선생님은 무얼 배우셨습니까?

고착된 태도로 인해 생긴 내면의 상을 NLP는 아주 작은 변화를 통해 경직이 풀리게 합니다. 최면치료와 NLP를 통해 저는 이야기를 치료에 사용하는 것을 배웠습니다.

전에 저는 가족세우기 중에 화가 나면 복수하기 위해 다음과 같은 이야기를 했습니다. 우아한 방법의 복수입니다. 문둥병 환자에 관한 이야기입니다. 문둥병 환자가 치료사에게 갔는데 치료사는 환자를 상대도 않고 요단강에 가서 목욕하라는 말을 전합니다. 목욕 후 나은 환자는 집에 가서 부인께 말합니다. "나는 목욕으로 나았습니다. 그런데 특별한 것은 없습니다." 그럼 모두 빙그레 웃습니다.

또는 도움에 관한 이야기입니다. 저는 다음의 이야기를 가끔 합니다. 예수님이 38년 동안 앉아서 사는 앉은뱅이에게 말했습니다. "일어나 자리를 들고 집으로 가라." 그러자 그 앉은뱅이가 말합니다. "안 하렵니다. 그냥 앉아 있으렵니다." 그러자 예수는 제자들에게 말합니다. "아마 저 앉은뱅이가 나보다 신을 더 경외하는 것 같다." 이 이야기는 저항이 얼마나 중요한가와 제가 그 저항을 얼마나 존중하는가를 보여 줍니다. 대가를 치르지 않으면 도움도 없습니다.

이야기는 다른 방법보다 무의식으로 통하는 길을 빨리 찾습니다. 그런데 이야기가 어떻게 작용되기에 충고하는 것보다 더 잘 먹힙니까?

아이들이 다 컸는데도 오줌싸개이면 부모는 힘들어 합니다. 그런 아이들에겐 흐르는 수도물의 꼭지를 꼭 잠그거나 비가 새는 지붕을 고치는 동화를 지나가듯이 해 줌으로써 도울 수 있습니다.

예를 들어 할머니께 가는 빨간모자 소녀가 집 안으로 들어서려는데, 지붕에서 빗물이 새는 것을 발견합니다. "우선 이걸 고쳐야겠네." 속으로 중얼거립니다. 헛간으로 가서 젖은 찰흙과 사다리를 가져와, 지붕 위로 올라가 비가 새지 않게 하여, 현관이 질척거리지 않게 합니다. 그리고 나서 할머니께 갑니다.

또는 일곱 난쟁이와 백설공주에서, 난쟁이가 지붕을 통해 밤사이 비가 내려 침대가 온통 젖었다고 불평합니다. 백설공주는 금방 고치겠다고 약속합니다. 난쟁이들이 일하러 갔을 때 지붕에 올라간 백설공주는 틀어져 있는 기와를 제자리에 밀어 넣습니다. 저녁이 되어 집에 돌아온 난쟁이는 너무 피곤해서 지붕을 수리했냐고 묻는 것도 잊습니다. 모든 게 잘되었기에 아침에도 묻는 것을 잊습니다.

전에 이런 동화를 듣는 아이들은 어른들이 동화를 각색하는가 주의 깊게 듣습니다만, 이렇게 변형하면 아무 말 없이 조용히 있습니다. 여기에서 우리는 인식하는 아이의 영혼은 어른과 함께한다는 것을 알 수 있습니다. 내놓고 이야기하지 않아도 영혼은 풀림을 원합니다. 그리하여 아이는 통찰과 용기를 가지고 새로운 것을 할 수 있습니다. 어른이 아이에게 문제를 꼭 집어 말하지 않기에 아이의 부끄러움은 존중받습니다. 조심스럽게 대했기에 존경받음을 느끼는 아이들은 반응할 수 있습니다.

아이들은 자신이 자면서 이불에 오줌 싼다는 것을 압니다. 그걸 우리는 상기시켜 줄 필요가 없습니다. 이불에 오줌 싸지 않아야 한다는 것도 아이들은 압니다. 그러기에 아무도 아이들에게 오줌 싸지 않아야 한다고 말할 필요도 없습니다. 우리가 이 문제를 직접 말하거나 조언하면 아이들은 열등감을 느낍니다. 아이가 부모의 조언에 따르면 부모는 자존심을 얻지만, 아이는 자존심을 잃습니다. 그러기에 아이는 조언에 따르지 않음으로 자존심을 지킵니다. 우리가 조언을 하기에 아이는 자신의 품위를 지키기 위해 조언을 따르지 않아야 합니다. 품위와 존엄은 모든 인간에게 가장 중요한 것입니다. 아이들에게도 마찬가지입니다. 조언에서 깊은 사랑을 감지한 아이들만이 기꺼이 조언에 따릅니다. 동화에서는 그렇게 합니다. 동화는 인간이 자존심을 지키면서 어떤 것이 치유되게 합니다.

그리고 나서 선생님은 가족치료를 시작하게 되었고, 미국에서 레스 카디스Les Kadis나 루스 맥클렌드Ruth McClendon의 세미나에 참석하셨습니다. 그때 가족을 세웠습니까?

가끔 세웠습니다. 그때 가족세우기에 미래가 있구나 생각했습니다만 이제까지의 방법대로 계속했습니다. 일 년 후 그로부터 가족치료가 되었고, 저는 가족세우기를 시작해서 계속 발전시켰습니다. 갑자기 모든 것이 어떻게든 같이 흘렀습니다.

|사람들은 제가 잘못하는 것을 허락하지 않습니다|
군중 앞에서의 가족세우기와 계몽

| 성장을 위해선 반대와 장애가 필요합니다 |

치료 과정의 엄격함에 대하여

많은 사람들은 선생님이 의뢰인께 너무 엄하게 대한다고 느낍니다. 선생님은 이러한 이의를 어떻게 설명하십니까?

많은 사람들은 영적인 성장이 영양만을 필요로 한다고 하면서 오직 한 면만 봅니다. 그러나 성장은 반대와 저항도 필요로 합니다. 모든 성장은 장애를 관철합니다. 친절하기 위해 저항을 하지 않는 치료자가 가장 엄격한 사람입니다. 저항을 하는 치료자에 대항해서 의뢰인은 성장합니다. 그러기에 많은 사람들이 나를 나쁜 사람이라고 여깁니다만, 그 중 많은 사람들은 그런 지 2년이 지난 후 편지를 제게 보내면서 감사해합니다.

전에 선생님은 적은 그룹과 2-3일간 일하셨습니다. 의뢰인은 두 번 내지 세 번 선생님과 일할 수 있었습니다. 첫날 어떤 분과 가족세우기하시다가 중단하여 치료 과정이 계속되도록 하셨습니다. 그리고 둘째 날 셋째 날에 다시 차례가 돼 마지막 과정을 마쳤습니다. 그건 벌써 옛날이야기입니다. 500여 명과 일하실 때와 40여 명과 일하실 때의 차이는 무엇입니까?

수백 명과 일할 때에는 더 정신 집중하여 일합니다. 더 이상 되지 않는다는 것을 알면 다음 기회가 없을지라도 중단합니다. 냉정하게 보일 수 있습니다만, 당사자에겐 좋은 기회가 됩니다. 그렇게 하지 않으면 저는 힘을 잃습니다. 다른 사람들의 마음에 안 들어도 할 수 없습니다.

일할 때 저는 관중을 완전히 잊습니다. 의뢰인의 영혼이 필요로 하는 만큼 일합니다. 더 이상 하지 않습니다.

이제 사람들은 선생님을 군중과 함께 경험할 수 밖에 없겠습니다.

그렇게 되었습니다. 사람들은 위험을 안고 옵니다. 여러 사람이 함께한다는 것을 압니다. 제가 그렇게 한다는 것을 알고 옵니다. 그리고 의뢰인이 여기에서 반응하는 것과 후에 집에서 무엇이 일어나는가를 구별해야 합니다. 저는 둘과 다 함께 일합니다.

상냥하게나 가엾게 자신을 나타내는 사람들이 저와 직면하면 단번에 화를 표출합니다. 자신들의 참모습을 드러냅니다. 가끔 다른 사람들 모두가 보도록 합니다. 가끔 너무 심할 때도 있습니다만 저는 완전해야 합니까? 그걸 주장하는 것은 비인간적입니다. 사람들은 제가 잘못하는 것을 허락하지 않습니다.

| 저는 기술자가 아닙니다 |
치료 분야에서의 선생님을 향한 비평

1. 선생님이 해야 할 일이 무엇인가?
2. 의뢰인이 선생님께 온다면 선생님께 일을 주는 사람은 누군가?
3. 선생님께서는 의뢰인이 무슨 일 때문에 온지 안다고 하면서 의뢰인의 설명을 중단시키시는데, 선생님은 어떻게 선생님이 하셔야 할 일을 아시는가?

만약 그런 식으로 제가 할 일을 분명하게 해야 한다면, 저는 매춘부입니다. 어떤 사람이 제게 와서 돈을 줄 테니 이런 일을 해 주십시요 한다면, 치료란 무엇인가란 근본적인 문제가 대두됩니다. 그러하다면 치료자의 존엄은 어디에 있습니까? 그의 능력은 어떠하겠습니까?

예를 들겠습니다. 강연 도중 휴식 시간에 부부가 제게 와서 자신들과 가족세우기를 할 수 있겠냐고 질문합니다. 여자분을 보고 "분명히 당신은 남편을 떠나려고 합니다."라고 저는 말합니다. 저는 그것을 보았습니다. 그녀뿐만 아니라 남편도 그렇습니다라고 말합니다. 그들의 오랜 결혼생활은 행복했었는데 남편의 어머니가 봉양이 필요하게 돼 남편은 어머니를 집으로 모셨습니다. 그 후론 부부가 힘들어 합니다. 부인의 원가족에 어떤 일이 있었느냐고 묻자, 그녀의 장애인 남동생이 아주 어려서 죽었다고 했습니다. 제가 "가족세우기를 하시렵니까?" 하고 묻자, 그들은 무대에 섰습니다. 자, 이제 저는 무슨 일을 해야 합니까? 제가 무슨 일을 해야 한다고 그들은 제게 말할 수 있었습니까? 또는 문제가 무엇이라고 말할 수 있었습니까? 그들은 말할 수 없었습니다.

위와 다른 경우에 의뢰인이 무슨 일인지 말하기도 전에 선생님은 말씀하십니다.

저는 무슨 일인지 알기에 질문할 필요가 없습니다. 제가 능력 있다고 여기기에 의뢰인은 제게 옵니다. 저는 자동차를 고치는 사람과 같은 기술자가 아닙니다. 단지 어떤 것을 실행하는 사람이 아닙니다. 의뢰인은 다른 능력을 원합니다. 예를 들자면, 자신이 보지 못하는 것을 보는 능력을 원합니다.

자신의 용건과 관계 있는 것을 원합니다.

용건이라니요! 말하여진 용건이 본래의 것이 아니라는 것을 모두 압니다. 제가 만약 말한 대로 따라 한다면, 저는 그 뒤에 있는 것에 닿지 못합니다. 그렇게 되면 본래적인 것이 아니기에 치료자와 의뢰인 사이에 암투가 발생하여 가족세우기는 실패합니다. 치료자의 첫째 능력은 이 암투를 꿰뚫어 보는 것입니다. 그걸 꿰뚫어 보고 말해도 의뢰인이 듣지 않으려고 하여 가족세우기를 안 할 수도 있습니다. 그러나 많은 사람들은 계속하며 뒤에 있는 것이 드러나기에 고마워합니다.

문제는 저의 알아챔을 신뢰하느냐입니다. 가족세우기에 오는 많은 사람들이 어떤 것을 하려고 할 준비가 되지 않은 경우엔 저는 말합니다. "당신과 일할 수 없습니다."

네덜란드에서 생긴 예를 들겠습니다. 여자분이 와서 아들이 정신분열 환자라고 합니다. 저는 말했습니다. "아들이 아니라 당신이 원래 정신분열 환자입니다." 그녀가 화를 내기에 저는 중단했습니다. 몇 시간 후 그녀가 다시 제게 왔을 때, 그녀는 변화돼 있었고 저는 가족세우기를 했습니다.

문제를 다른 사람에게 전이시키려 한다거나, 어떤 것 뒤에 자신을 숨기려 한다거나, 자신의 전이를 위해 나를 이용하려는 것 등을 저는 자주 순간에 알아챕니다. 질문은, 그가 저를 헷갈리게 해도 됩니까입니다. 저는 그가 말한 것을 따라야 합니까? 그렇다면 그것은 제가 무슨 일을 해야 한다고 그가 확인하는 것입니다. 혹은 그 암투를 보는 저는 거절해도 됩니까?

그래서 다음과 같이 할 수밖에 없습니다. 제 알아챔, 제 책임, 당연히 제 착오에 저는 있습니다. 다른 방법은 제게 있을 수 없습니다. 수술이 시작되면, 한 사람이 칼을 들고 끝까지 해야 합니다. 그러기에 다르게 했어야 한다든지 하는 여러 가지 이런저런 생각들은 겉으로 보기에 의뢰인을 위하는 것 같지만 실제에 있어선 아주 나쁘게 작용합니다. 치료 분야에서 단 한 가지 해결은, 다른 사람들이 하는 것을 존경하는 것입니다. 또한 저는 제 것을 하므로 저를 존경합니다.

그러나 선생님은 너무 자명하게 말하므로 많은 사람들이 겁먹어 떠나려 합니다.

만약 제가 그들의 욕구나 갈망 또는 희망을 충족시키려 한다면 저는 더 이상 제 자신이 아닙니다. 이 모든 것들은, 다른 사람들의 맘에 들게 하기 위해 저의 저 깊이에서 온 통찰에 반해 행동하라는 요구들입니다. 저는 그럴 마음이 없습니다.

어떤 사람이 와서, "제 가족을 세워 보고 싶습니다."라고 말하면 선생님은 어떻게 하십니까?

지금 가족세우기를 하지 않는다고 저는 말합니다. 저를 이용하려 하기 때문입니다. 치료자는 서비스 저편의 차원에서 움직입니다.

치료관계에서, 나는 와서 지불하고 대가를 원합니다. 내가 지불했기에 당신은 적어도 한 시간 동안 제 말을 들어야 합니다라고 하면, 모든 것이 왜곡됩니다. 지불하는 사람은 조종하면서 말합니다. 이제 당신은 제가 원하는 대로 해야 합니다. 그러면 치료뿐만 아니라 존경도 안 됩니다. 치료자는 다른 어떤 것을 봅니다. 예를 들면 가족 전체를 봅니다. 그리하여 금방 모든 것이 다르게 됩니다.

선생님이 그렇게 일하시는 걸 알고 사람들이 옵니까?

많은 사람들은 자신들의 문제를 확인하려고 또는 사람들이 그 문제를 풀 수 없다는 걸 경험하려고 옵니다. 많은 암 환자들이 이런 태도를 영혼에서 가집니다. 이러한 감춰진 소원들과 함께하려는 사람은 사랑에 있지 않습니다.

| 저는 저항에 반해 일하지 않습니다 |

중단

의뢰인이 가족세우기를 봄으로 변화에 대한 저항이 가끔 아주 적어집니다.

가족세우기에선 지금까지 보여지지 않은 어떤 것이 나타납니다. 그리하여 중요한 어떤 것이 의뢰인에게 보여집니다. 그럼 저항하는가, 또는 하지 않는가가 보입니다. 저항하면 저는 중단합니다. 저항에 대항하여 일할 필요가 없기 때문입니다. 의뢰인 자신이 보면서도 보려는 내면의 준비가 아직 안 돼 있다거나, 그가 속한 조직이 그걸 허락하지 않는 경우에 저는 그걸 존중하여 중단합니다.

중단이 벌이 아니라 하나의 치료 방법이라는 것입니까?

그렇습니다.

가끔 치료가 안 될 때가 있습니까?

제 의도는 아닙니다.

| 가족세우기 통찰들이 생명을 구합니다 |

10년 전 선생님은 스스로 선생이라고 하시면서도 치료사로서 일하셨습니다. 이제 선생님은 말하십니다. 생명에 봉사하고 거드는 사람이라고. 무엇이 변했습니까?

저는 영혼을 걱정하여 영혼이 잘되게 합니다. 그보다 생명을 걱정하여 생명이 잘되게 합니다. 심리치료는 의뢰인을 환자로 취급합니다. 그러나 어떤 사람이 제게 오고, 제가 그에게 생명에 도움이 되는 어떤 것을 준다면 저는 그를 치료하는 게 아닙니다. 예를 들어 생명에 관하여 어떤 것을 말해 줍니다. 선생과 같이 어떤 것을 전합니다. 제 말을 듣는 많은 사람들은 환자가 아닙니다. 많은 사람들은 심리치료가 필요하지 않습니다.

그들은 어떤 방향을 얻습니다. 그리고 자신들이 원하는 대로 합니다. 그들은 저와 함께 오래 일하도록 하는 과정으로 이끌리지 않습니다. 그러기에 제가 무슨 일을 해야 한다는 위임은 적용되지 않습니다. 가끔 5분 동안만 일할 때도 있습니다. 5분을 위해 위임은 필요 없습니다. 어떤 일을 해야 한다는 모형은 제한합니다.

무엇이 가족 또는 다른 관계에서 행복하게 하는가를 저는 사람들에게 전달하고 싶습니다. 그리고 운명적인 얽힘이 무엇이고 어떻게 작용하는가를 보여 줍니다. 그리하여 저는 많은 사람들의 상황을 가볍게 해 줍니다.

다르게 된 많은 사람들은 다음과 같은 편지를 보내옵니다. '1996년 선생님은 저와 제 아들의 생명을 구했습니다.' 그러기에 저는 질문합니다. 저를 공격하는 사람 중, 누가 나보다 그렇게 많은 사람들을 행복하게 하였는가?

선생님이 그런 질문을 하시다니 이상합니다.

비교하는 것인데, 저 개인에 관한 것이 아닙니다. 가족세우기와 그 통찰들은 생명을 구하고, 많은 사람들을 운명의 얽힘에서 생명으로 이끌었습니다.

요사이 선생님이 하시는 일은 심리치료입니까?

아닙니다. 처음의 가족세우기는 심리치료 형태였습니다. 몸과 영혼이 아파 심리치료를 찾는 사람들을 위해 가족세우기를 했습니다. 우리의 태도는 한쪽은 치료를 필요로 하는 의뢰인이고 또 다른 한쪽은 치료자입니다. 우리는 그렇게 훈련받았습니다. 가족을 세워 조직에서의 많은 질서와 관계들을 경험하여 풀림을 찾았습니다. 많은 축복이 왔습니다.

이제 저는 대역들이 우리가 처음에 생각한 것보다 아주 중요하다는 것을 압니다. 대역들은 더 큰 장들과 연결돼 있습니다. 다른 힘이 이끌고 있습니다. 영혼의 움직임이 이끌고 있습니다.

선생님의 의뢰인과의 관계에서 영혼의 움직임은 어떤 의미를 가집니까?

한 예를 들겠습니다. 의뢰인이 와서 모든 게 부모 탓이라고 불평합니다. 또는 어려서 당한 나쁜 것에 대해 불평하며 호소합니다. 그럼 우리는 동정심을 갖고 생각합니다. '이제 우리는 그를 돕는다.' 오늘날 저는 압니다. 모든 것 뒤에 창조적인 어떤 힘이 작용하고 있다면, 나쁜 것은 없습니다. 그러기에 저는 그 상황을 철학적으로 봐, 의뢰인이 나와 같이 보고 말하게 합니다. "옛날이 어떠하든지, 고맙습니다. 나는 그것을 이제 힘으로 받아들입니다." 저는 치료자가 아니라 철학자로 행동합니다. 동정이나 유감 없이 - 아닙니다, 정반대로, 어떠하든 또는 어떠했던지 저는 동의합니다. 그리하여 힘이 분출합니다. 심리치료를 넘어갑니다.

| 사랑의 다섯 고리 |

부모, 사춘기, 배우자 그리고
받음의 예술에 관하여

선생님은 최근에 '사랑의 고리'에 관해 워크숍을 가졌습니다. 무슨 고리입니까?

첫 번째 고리: 부모

사랑의 첫째 고리는 우리 부모인 부부의 사랑으로 시작합니다. 이 사랑에서 우리는 생겼습니다. 그들은 우리를 낳아 자녀로 받아들였습니다. 수십 년 동안 우리를 기르고 보호하며 지켜 주셨습니다. 부모의 이 사랑을 사랑으로 받아들임이 사랑의 첫째 고리입니다. 이 사랑의 첫째 고리가 다른 모든 사랑을 위한 조건입니다. 이 사랑을 경험하지 못했다면, 나중에 어떻게 다른 사람들을 사랑할 수 있겠습니까? 우리가 우리 부모의 조상을 사랑하는 것도 이 사랑에 속합니다. 우리 부모도 한때는 아이였고, 자신들의 부모와 조부모에게서 후에 우리에게 준 것을 받아들였습니다. 우리 부모도 자신들의 부모와 조부모를 통해 특별한 운명에 연결돼 있습니다. 마찬가지로 우리도 부모의 운명에 연결돼 있습니다. 이 운명에도 우리는 사랑으로 동의합니다. 이제 우리는 우리 부모와 조상을 바라보며 그들께 사랑으로 말합니다. "고맙습니다."

이게 사랑의 첫째 고리입니다.

> **사랑의 첫 번째 고리를 향한 명상**
> 눈을 감고 어린 시절로 갑니다. 제 생명의 시작으로 갑니다. 시작은 남녀로서 부모의 사랑이었습니다. 부모는 그들 뒤에서 작용하고

있는 큰 어떤 것에, 강한 본능인 충동에 서로 끌렸습니다. 저는 부모를 함께하게 이끈 이 큰 것을 바라보고 그 앞에서 고개를 숙입니다. 그런 후 부모가 하나가 되어 그 합일에서 제가 생긴 것에 감사와 사랑으로 부모를 바라봅니다.

그런 후 부모는 저를 기다렸습니다. 잘될까 하며 희망과 두려움을 가지고 기다렸습니다. 그리하여 어느 날 어머니는 고통으로 저를 낳았습니다. 부모는 서로 바라보고 이게 우리의 아이일까, 경이로워 했습니다. 그리고 말씀하셨습니다. "그렇다. 너는 우리들의 아이이고 우리는 네 부모다." 제게 이름을 지어 주시고, 당신들의 이름을 주시고 모두에게 알렸습니다. "얘는 우리들의 아이입니다." 그때부터 저는 이 가족에 속합니다. 저는 이 가족의 일원으로서 제 생명을 받습니다.

그 후로 어려웠을지라도, 무엇보다 어릴 때 어려웠을지라도 생명 자체는 아무런 침해나 방해를 받지 않았습니다. 그러나 그 어려움은 나에게 아주 많은 것을 요구했습니다. 어떤 어려움이었던지 그 어려움을 이제 저는 보고, 그에 동의합니다. 그리하여 그로부터 저는 특별한 힘을 얻습니다. 그런 후 부모님을 보고 말합니다.

"저는 당신들로부터 본질적인 것을 받아 가지고 있습니다. 그리하여 당신들이 무엇을 하셨던지, 그것이 설사 죄였을지라도, 저는 그것이 제 생명에 속함을 존중하여 그에 동의합니다."

저는 내면에서, 제가 제 부모라는 것을 느낍니다. 저는 부모님을 내면으로부터 압니다. 저는 상상할 수 있습니다. 제 안 어디에서 어머님을 느낍니까? 제 안 어디에서 아버님을 느낍니까? 두 분 중 어느 분이 앞에 계시고 어느 분은 뒤에 계십니까? 이제 두 분을 제

앞에 오시게 하여, 두 분을 제 아버지와 제 어머니로 오시게 하여 같이 계시게 합니다. 부모님은 언제나 제 안에 같이 계십니다. 그에 저는 기뻐합니다. 저는 그분들을 정말 제 안에 가지고 있습니다.

어릴 때 무엇이 발생했던지 저는 이제 그에 "예" 합니다. 결국 모든 게 잘되었습니다. 그랬기에 저는 성장할 수 있었습니다. 부모님 외에도 많은 사람들이 저를 도왔습니다. 부모님이 안 계셨을 때 기대하지 않았는데도 선생님이나 이모나 고모가 곁에 계셨습니다. 또는 길에서 어떤 사람은 제게 물었습니다. "얘야, 무슨 일이니?" 제 사정을 알고 예를 들면 저를 집에까지 데려다 주었습니다. 그 모든 분들을 부모님과 함께 제 영혼과 제 마음에 받아들입니다. 단번에 저는 제 안이 아주 충만함을 경험합니다. 이 모든 것을 사랑으로 받아들이기에 저는 충만하여 공명을 느낍니다. 이 사랑이 제 안에 있기에, 사랑은 제 안에서 전개됩니다.

두 번째 고리: 유년기와 사춘기

사랑의 두 번째 고리는 유년기입니다. 밤낮을 가리지 않고 저를 생각하며, "우리 아이는 무엇이 필요할까?" 하고 스스로 질문하시면서, 주신 그 모든 것을 저는 사랑으로 받아들입니다. 부모는 자녀에게 믿을 수 없이 많은 좋은 것을 주십니다. 부모는 자녀를 키우기 위해 스스로 무엇을 희생하는가를 알고 있습니다. 또한 그 희생이 무엇을 의미하는지 알고 있습니다. 저는 그 모든 것을 존중합니다. 유년기에 일어난 그 모든 것에 저는 이제 동의합니다. 자신들이 많이 잘못하신 것을 부모님이 알지 못하셨음에도 저는 이제 동의합니다. 부모님이 하신 그 많은 것이 저에게 미친 것임을 그분들이 모르심에 이제 동의합니다. 그 모든 것이 제게 속합니다. 이 도전의 다양성에 나를 세움으로 또한 슬픔과 고통을 넘어 나를 지켜야 했음에 나를 세움으로, 그리고 그 모든 것에 동의하고 받아들임으로 저는 성장합니다.

아이들은 가끔 스스로 줌으로, 받아들이고 감사함으로부터 벗어나려 합니다. 그러나 아이들은 틀린 것을 주거나, 또는 너무 많이 줍니다. 예를 들어 아이들은 자신들에게 속하지도 않은 부모의 어떤 것을 부모 대신 지려고 합니다.

아이들은 부모로부터 오는 것이 너무 커, 같은 것을 되돌려줄 수 없기에 가끔 받아들이길 어려워 합니다. 그러기에 많이 되돌려주지 않으려고 차라리 적게 받아들입니다.

선생님은 어떻게 그걸 아십니까?

저는 아주 다른 형태의 가족세우기에서 수백 번 관찰했습니다. 아이들은 부모님이 너무 많이 주신 것에 견디지 못합니다. 무엇보다 나중에 다른 사람에게 특히 자신의 자녀에게 줌으로 조정된다는 것을 모르는 아이들은 더 견디지 못합니다. 조정할 수 없다는 느낌이 부모를 떠나게 하는 충동 중의 하나입니다.

사춘기 아이들은 부모를 비난함으로 집을 떠납니다. 그건 조정을 회피하기 위한 형편없이 싼 방법입니다. 그럼에도 비난은 아이들이 부모를 떠나게 합니다. 그러나 조정이 나중에 줌으로 가능하다는 것을 알고 그리고 받은 것을 다른 사람에게 주는 것이 불가피하다는 것을 알게 되면, 부모를 비난하지 않고도 부모를 떠납니다. 그러면 아이들은 받은 것을 다루는 방법과 받은 것으로 무엇을 할지를 압니다. 그러한 아이들은 부모가 준 것을 거절할 필요가 없습니다. 나중에 계속 준다는 것을 알기에 아이들은 충만하게 받을 수 있습니다.

저는 지금까지 사춘기를 그런 눈으로 보지 않았습니다. 그러나 불평과 비난은 양심의 조정을 위한 몸부림이라는 것이 분명해집니다. 또한 사춘기는 호르몬의 작용이기도 합니다. 사춘기에 부모를 비난하고 집을 떠나는 것을 형편없이 싼 방법이라고 하셨는데 무슨 말씀입니까?

선생님은 사춘기 현상을 우리 문화의 측면에서 보십니다. 우리는 자녀가 부모를 비평하기 시작하는 것을 당연히 받아들입니다. 그러나 전혀 그렇지 않은 문화도 있습니다. 그들은 비난함으로 집을 떠나지 않습니다. 아주 다른 태도입니다. 적게 받기에 적게 주어야 하는 것이 형편없이 싼 방법이라는 것입니다. 적게 받고, 부모의 사랑을 거절하는 불평이 이별을 가능하게 합니다. 그러나 이러한 이별은 모두를 가난하게 합니다. 아이인 나는 받아들임으로 성장합니다.

형편없이 싼 방법이라고 하셨는데, 깔보는 것같이 들리는데요. 사춘기 아이들은 그럴 만한 이유가 언제나 있습니다.

싸다는 단어를 그대로 해석하십시오. 적은 비용이 듭니다. 받아들이는 것이 적어 나중에 가지고 있는 것도 적습니다. 많이 받아들이면 가지고 있지 못할 정도로 비쌉니다. 그러면 계속 주어야 합니다. 많이 주어야 합니다. 어떤 것을 주어야 합니다. 받아들이길 거절하는 아이는 적게 존재합니다. 형편없이 싼 방법이라고 하는 것이 맘에 안 드셔도 할 수 없습니다.

그러나 많은 사람들은 세대를 넘어서는 조정의 방법을 모릅니다. 되돌려주지 않고 나중에 계속 줄 수 있다는 것을 알면, 영혼은 평안합니다. 그럼 아이들은 부모에게 말합니다. 주십시오, 저는 모든 것을 받아들입니다.

사랑의 두 번째 고리를 온전하게 지나야 배우자와 잘 지낼 능력이 생깁니다. 성년이 되어 발생하는 대부분의 문제나 어려움은 사랑의 이 두 고리가 완성되지 않았기에 발생합니다. 다시 그곳으로 돌아가 부족한 것을 늦게나마 마쳐야 합니다.

사랑의 두 번째 고리를 향한 명상

눈을 감고 정신 집중합니다. 그리고 계단을 내려가는 것처럼 천천히 어린 시절로 갑니다. 그러다 고통을 느끼거나 불안한 상황에 옵니다. 거기에서 그때 발생한 그림이 떠오를 때까지 기다립니다. 어릴 때의 많은 회상들은 우리가 홀로 남겨져 있었던 상황이나 또는 우리가 가려고 했는데 가지 못한 상황과 관계가 있습니다.

자 이제 나는 나 자신인 아이를 상상합니다. 그리고 어머니를 바라봅니다. 어머니를 향하는 나의 사랑을 느낍니다. 또한 내가 얼마나 어머니께 가고 싶은가를 느낍니다. 어머니와 눈을 맞추고 단지 말합니다. "어머니, 부디, 제발." 그러자 이제 어머니에게서뿐만

> 아니라 나에게서도 내면의 상에서 어떤 것이 움직입니다. 어머니는 한 걸음 나에게 다가오시고 저도 어머니께 과감하게 위험을 무릅쓰고 한 걸음 다가갑니다. 움직이는 어떤 것에 나를 맡깁니다. 내가 목적지에 도달할 때까지, 어머니의 품에 안겨 편안해질 때까지 나를 맡깁니다. 도착하여 어머니를 보고 말합니다. "고맙습니다."
>
> 이게 내면의 과정입니다. 한번에 너무 많이 하면 안 됩니다. 매번마다 영혼의 어떤 것이 풀어집니다. 다른 날 같은 걸 또 할 수 있습니다. 다시 계단을 내려가 어린 시절로 갑니다. 아마 더 어린 시절로 갑니다. 또다시 어머니를 향한 움직임일 수 있습니다. 며칠을 기다렸다가 다시 합니다. 모든 게 끝나 마침내 온전히 어머니께 도달할 때까지 합니다.

많은 사람들은 어렸을 때 얻지 못하거나 놓친 모든 것에 유감을 갖습니다. 더 나아가 억울해하며 비뚤어져 있습니다. 이러한 태도는 어떠한 결과를 가져옵니까?

유감스러워 하는 모든 것을 나는 제외합니다. 비난하는 모든 것을 제외합니다. 내가 악의를 갖는 모든 사람을 제외합니다. 죄책감을 갖는 모든 상황을 제외합니다. 그리하여 나는 점점 더 가난해집니다.

다른 방법이 있습니다.

유감스런 모든 것을 나는 바라보고 말합니다. 예, 그러했습니다. 이제 나는 그것을 나에게 향한 그 모든 도전과 함께 내 안에 받아들입니다. 그리고 말합니다. 나는 그것으로 그 무엇을 합니다. 이제 그것을 친구로 받아들입니다.

내가 어떤 사람을 비난하기에 잃어버린 그 모든 것을 바라보고 '예' 합니다. 잃어버린 것을 다른 방법으로 어떻게 하면 얻을 수 있는가 주위를 돌아봅니다. 그리고 다른 사람에게 부탁하지 않고 혼자 할 수 있는 어떤 힘이 내 안에 있는가 봅니다. 그런 다음 그 상황을 내 안에 받아들이면 그 상황은 내게 힘이 됩니다. 무엇보다 우리가 제외하거나 멀리 보내고 싶은 개인적인 죄도 마찬가지입니다. 죄를 보고 나는 말합니다. 예, 죄는 어떤 결과를 갖습니다. 그 결과에 나는 동의하여 그로부터 그 무엇을 합니다. 죄는 힘이 됩니다. 그리하여 나는 성장합니다.

기본 움직임은 언제나 같다는 말씀입니까? 제외하지 않고 받아들인다?

그렇습니다. 힘으로 받아들입니다. 그러면 아주 이상한 관찰을 하게 됩니다. 우리가 거절한 것이나, 또는 죄책감을 느끼거나 불의하게 취급받았기에 아픈 것들을 —어떤 것이든— 내 안에 받아들이면, 모든 것이 내 안에 들어오지 않습니다. 어떤 것은 밖에 머뭅니다. 전체에 온전하게 동의하면 내 안에 들어오는 것은 오직 힘입니다. 다른 것은 밖에 머뭅니다. 나를 감염시키지 않습니다. 반대로 나를 소독합니다. 나를 정화시킵니다. 재는 밖에 남고 불덩이인 열정만 가슴에 들어옵니다.

무엇이 받지 못하게 합니까?

부모의 어려움을 견디지 못하여 아이로서 부모를 도우려 하고, 부모 일에 간섭하여 부모 위에 서기에 그러합니다. 여기에서도 우리는 같은 명상을 할 수 있습니다. 부모의 어려움, 부모의 운명적인 얽힘, 부모의 부족함, 부모의 중독 그리고 부모의 질병 등 그 모든 것을 부모와 함께 바라봅니다. 내가 그 모든 것에 동의할 때에 그 모든 것이 부모를 얼마나 힘들게 하였는가 봅니다. 내가 그 모든 것을 내 안에 받아들여 한 것과 같은 것을 나는 봅니다. 부모가 당신들의 어려움을 스스로 받아들이면 무엇이 발생합니까? 내가 그들의 어려움을 그들 대신 받아들이면 무엇이 발생합니까?

그렇게 나는 부모님이 당신들의 어려움에 동의하는 것을 상상합니다. 그리하여 어려움뿐만 아니라 그분들의 운명적 얽힘도 그분들께 속합니다. 나는 그분들의 운명적 얽힘을 아래에서, 즉 아이로서 봅니다. 그리하면 부모는 온전히 부모로서 계십니다. 그분들께 속하는 어떤 것도 내가 떠맡을 필요가 없습니다. 부모님께 머물러도 되기에 그것들은 내 밖에 있습니다.

어머니의 아들이나 아버지의 딸은 어떠합니까?

둘 다 부모 사이에 자신들을 세웁니다. 아주 간단한 풀림이 있습니다. 딸은 아버지께 말합니다. "저는 너무 작기에 당신들 사이에 설 수 없습니다." 그리고 아들은 어머니께 말합니다. "저는 너무 작기에 당신들 사이에 설 수 없습니다." 그리고 물러섭니다. 그리고 전과 달리 이제 부모는 서로 직접 마주 봅니다. 그리하여 부모는 그들 사이에 아무도 없기에 새롭게 남녀로 하나가 됩니다.

다음과 같이 연습하면 좋습니다. 내가 만약 아버지 딸이라면, 아버지를 건너다 보고 눈짓으로 말합니다. "저는 단지 당신의 딸입니다. 저는 너무 작기에 다른 것을 할 수 없습니다." 같은 것을 어머니 아들도 합니다. 어머니를 보고 말합니다. "저는 단지 당신의 아들입니다. 저는 너무 작기에 다른 것을 할 수 없습니다." 불가사의하게도 모두 편안해합니다. 무엇보다 부모님이 짐을 내려놓습니다.

세 번째 고리: 주고받음

이제 우리는 세 번째 고리에 왔습니다. 주고받음입니다. 얻기 위해 주는 게 아니라, 주고받습니다.

어른은 주고받을 줄 압니다.

어른은 하는데 왜 아이인 어른은 못합니까?

받는 것보다 주는 게 쉽습니다. 줄 때 우월감을 느낄 수 있기 때문입니다. 받으면, 저는 다른 사람들 중에 하나가 됩니다.

오직 받기만 하는 사람들도 있습니다.

어떻게 받느냐에 달렸습니다. 만약 요구한다면 받는 게 아닙니다. 다른 사람이 내게 선물한 것을 받는다면, 나는 내가 부족한 사람이라는 것을 보입니다.

성경에 다음의 말씀이 있습니다. "주는 것이 받는 것보다 복이 있나니." 그렇습니다. 오직 줌으로 사람들은 우월함과 위대함을 느낍니다.

선생님은 이 성경 구절을 도덕적인 지시가 아니라 줌의 배후관계를 보는 통찰로 받아들이십니까? 우리는 수천 년 동안 오해했습니까?

다른 사람들 중 하나로 받음으로써의 사랑은 위대함을 지닙니다. 그렇게 받을 수 있으면 줄 수도 있습니다. 줌은 제대로 받음으로 시작합니다.

    어른들의 관계에 있어선 서로 대등하게 받을 수 있음이 결정적입니다. 가장 중요한 조절입니다. 대등하게 줌이 아니라 대등하게 받음이 가장 중요합니다. 서로 받음이 더 어려운 것이며, 둘을 가장 깊이 연결합니다. 둘은 같이 곤궁한 위치에 옵니다. 이 곤궁한 위치가 둘을 연결합니다.

받을 수 있는 것은 헌신과 많은 관계가 있습니다. 그리고 헌신은 오직 통제가 없어야 됩니다. 받기를 원하기에 항상 주는 사람들이 있습니다. 그들은 받기 위해 줍니다. 주고, 주고, 또 주고 하지만 전혀 받지 못합니다.

그들은 줌으로 어떤 것을 기대합니다. 그리고 무엇보다 다른 사람들을 조금 존중합니다. 스스로를 더 좋은 사람이라고 느껴 우월한 위치에 있기 때문입니다.

그리고 무엇을 받으면 언제나 트집을 잡는 사람들이 있습니다. 선물은 언제나 충분히 좋지 않습니다. 남녀 사이에서 자주 그렇습니다.

바로 그것이 받음이 아주 높은 예술이라는 것을 보여 줍니다. 귀하게 받느냐가 관건입니다. 받음은 그러기에 예술입니다.

그럼 평소에 남들이 주는 것이 맘에 들지 않아도 받아야 한단 말씀입니까? 사람들이 서로 선물하지만 그 선물들이 받아들이지 않기에, 실망한, 곤혹스러운 또는 비참한 상황들에 관한 풍자를 한 권의 책으로도 쓸 수 있겠습니다. 선물들이 충분히 좋지 않거나 또는 사람들은 다른 것을 원했습니다. 제 남편이 선물한 것을 제가 거절했거나, 되돌려주었거나, 교환했거나, 그냥 다른 사람에게 주어 버렸기에 지금도 생각하면 얼굴이 붉어집니다.

모든 것은 귀한 어떤 점을 가지고 있습니다. 그래서 어떤 사람이 내게 어떤 것을 선물한다면, 그는 내게 좋은 어떤 것을 원합니다. 그래서 저는, 그가 내게 주기에 그대로 받습니다. 이 순간 그가 내게 준 모든 것은 귀하게 됩니다. 어떤 것이 변합니다. 그리고 저는 단번에 감지합니다. "그렇구나, 그 선물은 내게 좋은 어떤 것이구나." 이게 받음입니다.

어른인 우리는 상대가 내게 전혀 줄 수 없는 어떤 것을 주어야 한다는 기대 없이 줍니다. 이 태도에서 우리는 부모 됨의 힘을 얻습니다. 이러한 줌에서 받음이 완성됩니다. 그렇게 계속 줌이 시작합니다. 세대를 넘어서는 교류가 시작됩니다. 이게 세 번째 고리입니다.

그리하여 남녀가 자신들의 부모를 온전히 받은 후 커플이 되면, 남녀는 자신들의 부모로부터 온 것을 넘어 흐릅니다. 그들은 서로 그 충만함에서 줍니다. 그러나 언제나 잘되지 않는 경험을 우리는 압니다.

사랑의 세 번째 고리를 향한 명상

배우자인 상대를 마주 보고 서서, 우선 오른쪽으로 자신의 부모를 바라봅니다. 부모로부터 오는 사랑을 받아들이는 과정을 다시 한 번 통과합니다. 앞에 서 있는 상대도 우선 오른쪽으로 자신의 부모를 바라보고 나와 같이 부모로부터 오는 사랑을 다시 한번 받아들이는 과정을 통과합니다. 부모와 조상을 바라본 후 나는 상대의 부모와 조상을 바라봅니다. 상대의 부모와 조상이 상대에게 준 모든 것과 그리하여 그가 풍부하게 된 것을 나는 봅니다. 그가 내게 다르게 나타나기에 단번에 우리 관계의 어떤 것이 변합니다. 상대 부모의 사랑이 그에게서 보이기에 우리 관계의 어떤 것이 변합니다.

동시에 그에게 일어난, 그를 방해한 어려움도 봅니다. 이제 그가 그 어려운 어떤 것을 힘으로 받아들이는 것을 나는 봅니다. 그리하여 어렵게 나타난 것이 밖에 머뭅니다. 나의 어려움으로 나도 똑같이 합니다. 그런 후 우리는 서로 눈을 맞추고 나는 그에게 그는 나에게 '예' 합니다. 그리고 서로 말합니다. "이제 우리는 서로를 위해 준비와 각오가 돼 있습니다."

사랑의 세 번째 고리를 향한 두 번째 명상

세월이 흘러 부부는 아이를 얻습니다. 여자는 남자로부터, 남자는 여자로부터 아이를 받습니다. 둘은 말합니다. "우리 아이"라고. 둘은 아이에게서 더 큰 전체의 한 부분으로서 자신들을 봅니다. 둘은 언제나 단지 아이의 한 부분입니다. 둘은 아이의 한 부분이라는 것을 연습합니다. 모든 것에서 다른 사람도 보고 그에 동의하는 것

> 을 연습합니다.
> 　나는 우리의 이 아이를 봅니다. 그리고 그 뒤의 내 배우자를 봅니다. 배우자 뒤의 그 원가족의 특별한 모든 것을 바라봅니다. 우리 원가족과 다른 모든 것을 보고 마음과 가슴에 우리 원가족과 같이 귀한 것으로 받아들입니다. 이 순간 아이는 부모에게 같이 귀합니다. 그리하여 아이는 부모에게 똑같이 귀하게 스스로를 연결할 수 있습니다. 우리는 서로 말합니다. "이 아이는 우리 아이입니다. 아버지로서 당신의 부분과, 어머니로서 나의 부분을 가진 우리 아이입니다." 이렇게 우리는 우리 아이와 우리 관계를 풍부하게 합니다.

아이를 가진 부부가 이혼하면 어떠합니까?

대부분의 이혼은 한 배우자가 자신의 원가족으로 되돌아가기에 발생합니다. 원가족에게서 어떤 것을 받아들이지 않았기에 원가족으로 되돌아갑니다. 혹은 부모의 운명을 부모에게 두지 않고 스스로 개입하기에 이혼이 발생합니다.

　또한 많은 이혼은 배우자에게 실망하기에 일어납니다. 배우자에게 거는 기대는 자주 아이로서 부모에게 건 기대입니다. 그리고 이제 그 기대를 배우자가 만족시켜 줄 거라고 희망합니다. 그러나 배우자는 그 기대를 채워 줄 수 없습니다. 그러기에 실망하고 환멸을 느껴 이혼합니다. 이혼의 하나의 형태입니다. 우선 부모를 받아들이는 연습이 많은 도움을 줍니다. 그리하면 배우자에게 어떤 것을 기대할 필요가 없어집니다. 부부관계는 더 평온해집니다.

이혼으로 이끌 수 있는 또 다른 경우가 있습니다. 그 사람 자신에게만 속하는 성장이나 사명입니다. 한 배우자는 자신에게 중요한 자신의 성장의 길을 가는데, 다른 배우자에게는 그 길이 중요하지 않아 그 길을 같이하지 않아 이혼할 수도 있습니다. 그러면 나는 나의 길에 그리고 상대의 길에 동의합니다. 그리고 서로 자신의 길을 가도록 합니다. 이게 가끔 이혼 사유가 되기도 합니다. 사랑으로 하는 이혼입니다. 부부는 서로에게 말합니다. "나는 당신을 사랑합니다. 그리고 나와 당신을 이끄는 것을 사랑합니다." 아주 깊이가 있는 문장입니다. 그런 후의 이혼은 둘을 편하게 합니다. 그러나 가끔 한 배우자는 그렇게 말하는데, 다른 배우자가 그렇지 못할 때가 있습니다. 그러면 다음과 같이 말합니다. "나는 당신이 나의 성장을 바랄 거라고 기대합니다."

아이들에게도요?

아닙니다. 아이들에게는 다음과 같이 말합니다. "나는 언제나 너희들에게 있다." 아이들을 떠난 성장, 그런 건 성장일 수 없습니다. 그러한 성장은 극히 예외입니다. 또 말합니다. "너희들이 나와 너희들의 엄마의 이혼을 잘 견딜 거라고 나는 기대한다. 그래도 우리는 언제나 너희들에게 있다." 이혼은 특히 아이들을 어렵게 합니다만, 이렇게 잘되면 모두에게 성장 가능성이기도 합니다. 이혼했는데도 모두 서로 연결돼 있습니다.

세 개의 고리는 양심과 조절에의 욕구에 관한 것이었습니다. 이제 네 번째와 다섯 번째의 고리는 무엇입니까?

사랑의 네 번째와 다섯 번째의 고리: 모든 인간과 세계에 동의함

네 번째 고리는 양심 너머에 있습니다. 여기에서 나는 내 가족의 모든 사람에게 그들인 그대로 동의합니다. 제외되었거나 배척되어 추방된 모두에게 동의합니다. 내면의 온전함에 관한 것입니다. 내 가족에 속한 모두가 내 영혼에 자리합니다. 거절되었거나, 멸시되었거나 또한 잊힌 모두가 내 영혼에 자리합니다. 그들이 내 영혼에 자리하지 않으면, 나는 내 영혼과 내 몸이 온전하지 않음을 경험합니다. 그들을 내 영혼과 내 사랑에 포함시켜야 내가 온전하고 완전하다고 경험합니다.

이제까지 내가 제외했거나, 두려워했거나 또는 거절한 사람들을 내 사랑에 넣는 움직임을 다른 모든 인간에게 넓힙니다. 이게 다섯 번째 고리입니다.

사랑의 다섯 번째 고리는 인간과 세계로 향합니다. 있는 그대로의 세계에 동의합니다. 그리하여 예를 들면 민족 간의 화해가 가능합니다. 우리가 더 큰 힘에 의하여 움직여지고 있다는 것을 아는 모든 것 사랑입니다.

이 사랑의 고리는 어떤 인간상을 가집니까?

제겐 모든 인간이 좋습니다. 모두는 그렇게 될 수밖에 없기에 그러합니다. 모두 다 자신의 상황에 있을 수밖에 없습니다. 그리고 나는 그러한 모두에게 같은 존경으로 향합니다. 이 태도와 행동은 영혼

이 노력한 결과와 능력입니다. 어느 누구도 다른 사람에게 이 노력을 대신해 주라고 할 수 없습니다. 아무도 대신해 줄 수 없습니다. 도움을 바라는 많은 사람들은 자신의 이 노력 없이 도움을 원합니다. 그러나 이 노력이 주는 기쁨을 경험하는 사람들은 이 새로운 통찰을 넘어, 삶에서 스스로 움직이는 다른 가능성으로 옵니다. 언제나 이 통찰에 의하여만 가능합니다. 사랑의 감정은 거의 통찰을 가지지 않습니다. 그리고 내가 사랑의 감정에 머물러 있는 한, 나는 잡혀 있기에 어떤 것이 적게 발생합니다. 네 번째와 다섯 번째 사랑의 고리를 통해 나는 협소함을 넘어 영적인 차원으로 옵니다.

|어머니에 기뻐할 수 있는 사람은 성공하며 행복해합니다|
행복과 기쁨에 관하여

그럼 행복해집니까?

행복은 선물로 주어집니다. 행복은 언제나 관계에서 오며, 질문은, '행복하게 있기 위해 우리는 어떤 관계를 맺어야 하는가.'입니다. 우리가 우리의 관계에 기뻐하면 우리는 행복합니다. 첫 번째 관계가 잘되지 않으면, 나중의 어떤 관계도 잘되지 않습니다. 모든 관계는 어머니에게서 시작합니다. 어머니와의 관계에서 어떤 것이 충만으로 오지 않기에, 대부분의 문제가 생깁니다. 기쁨은 어머니에게서 시작합니다. 아이의 가장 깊은 기쁨은 어머니에게 있는 것입니다. 이게 원래의 행복입니다. 당연히 나중에 다른 사람에게도 갑니다. 그러나 문제가 되지 않습니다. 원래의 행복을 언제나 지니고 있기 때문입니다. 세월이 흐를수록 더 많은 거리가 생깁니다. 그러나 근본적인 것은 어머니의 눈을 보고 다음과 같이 말하는 데 있습니다. "예, 어머니. 당신이 제 어머니이기에 저는 기쁩니다. 당신이 제 어머니인 것보다 제게 더 아름다운 것은 없습니다."

그럼 아버지는요?

아버지와도 당연히 관계가 있습니다만, 행복은 어머니에게서 시작합니다. 여기에서 어머니와 아버지는 같은 차원에 있지 않습니다. 차이가 있습니다. 아버지는 그걸 압니다. 자신도 자신의 어머니에게서 그러했기에, 아버지는 질투할 필요가 없습니다. 어머니에 기뻐하는 사람은 성공하며 행복해합니다.

성공하고 행복하기 위한 선생님의 안내서입니까?

그러길 원하신다면 그렇습니다. 삶과 행복의 충족은 우리에게 들어옵니다. 나중의 다른 모든 행복의 기초입니다. 자연에 향하는 사랑도 마찬가지입니다. 자연은 소위 위대한 어머니이기 때문입니다.

어린아이는 모든 것을 자신의 영혼에 받아들입니다. 거기에는 어떤 장애나 반항이 없습니다. 방해나 저항은 나중에 옵니다.

이제 저는 제 자신에게서 행복에 관해 아주 중요한 관찰을 했습니다. 어머니나 아버지께 아무런 이의 없이 "어머니, 당신은 제 어머니이십니다. 저는 당신을 당신인 그대로 받아들입니다. 그리고 아버지, 당신은 제 아버지이십니다. 저는 당신을 당신인 그대로 받아들입니다." 하면, 부모의 온전한 충족이 제 영혼으로 옵니다. 부모의 어떤 것을 내 안에 받아들이는 게 아니라, 부모를 내 안에 받아들입니다. 부모에게 속한 모든 것을 받아들입니다. 그럼 아주 기이하게도 내가 생각하는 좋지 않은 것들은 밖에 머뭅니다. 부모님 자신으로부터는 다른 것들이 아니라 오직 좋은 것들만 옵니다.

누굴 받아들이란 말씀입니까? 나를 버리고 떠난 어머니입니까? 어머니를 폭행한 아버지입니까? 스스로 제 몸도 가누지 못하여 딸을 한번도 돌보지 못한 알코올 중독인 한 여자인 어머니가 제게 떠오릅니다. 누굴 받아들이란 말씀입니까? 상상할 수 있는 이상의 어머니입니까? 내가 좋게 경험한 어머니입니까? 나를 양육한 어머니로 내가 경험한 어머니입니까?

어머니와 아버지를 부모 자신으로서 받아들입니다. 그들이 내게 무엇을 주거나 또는 어떤 것을 거절하는 구별이 아닙니다. 여기에서 다른 것은 아무런 의미가 없습니다. 나는 부모 자신을 받아들입니다. 내가 이렇게 받아들임으로 나는 내 안에 그분들의 충만과 충일을 갖습니다.

모성이나 부성의 터무니없는 이상화가 아닙니까? 거의 초인간적인 책임을 갖게 합니다.

치료받으러 가는 사람들 중 80%는 어머니와의 연결이 끊어져 있다고 저는 감히 주장합니다. 그러기에 치료란 결국 어머니에게 연결하는 것입니다.

어머니와 연결이 되지 않는 사람에게는 무엇이 발생합니까?

그에게는 모든 것이 끝났습니다. 그리고 그는 아무런 관계를 맺을 수 없습니다.

'끝났다', '아무런 관계를 맺을 수 없다'라니 아주 끔찍하게 들립니다. 죽느냐 사느냐로 들립니다. 그럼 아버지는 어떻습니까?

아이들이 아버지께 갈 수 없기에 많은 아이들의 문제가 생깁니다. 아버지께 가는 길은 오직 어머니만이 열 수 있습니다. 어머니는 우리가 상상할 수 없는 권력을 가집니다. 아무도 아버지께 가는 길을 열 수 없습니다.

이해할 수 없는데요. 더 정확히 설명해 주십시오.

어머니가 아이 안에 있는 아버지를, 그녀가 원래 하였던 것처럼 사랑하는 데 있습니다. 언어로 표현한다면 다음과 같습니다. "나는 네가 네 아버지와 같이 되면 기쁘다." 그럼 아이는 압니다. 아버지께 가면 어머니가 기뻐한다는 것을. 그리하여 아이는 아버지께 가는 길을 찾아 아주 특별한 힘을 얻습니다. 무엇보다 아이는 전보다 더 어머니를 사랑합니다.

핵심은 어머니와의 관계와 더 나아가 부모가 이혼했다 할지라도 부모가 서로 사랑하는 것이란 말씀입니까? 그러나 많은 여자들은 자녀들에게 아버지와 같이 되지 말라고 생각만 하는 게 아니라 말하기조차 합니다. 다시 말하면 우리 여자들이 아주 잘못할 수 있다는 말씀입니까?

여자가 더 많은 가능성을 가진다고 말하고 싶습니다.

|아버지는 더 이상 투쟁할 필요가 없습니다|
자녀를 제외함에 관하여

자녀의 아버지가 된 것을 의심하는 남자가 어머니 모르게 유전자 검사를 할 수 없도록 한 독일연방헌법재판소의 판결을 아십니까? 선생님은 어떻게 생각하십니까?

그렇게 하여야 가족이 보호된다는 상상은 기이합니다.

그렇게 해야 아이의 인격권이 보호된다고 재판소는 말합니다. 그리고 현실에 반해 여자의 인격권도 보호된다고 합니다.

모두를 위해 옳지 않습니다. 법으로 집행되다니 병적인 망상입니다. 또한 저는 질문합니다. '아이는 나중에 어떻게 되겠습니까?'

바꿔치기 당한 아이가 되겠죠?

무엇보다 아이가 나중에 내 아버지가 친아버지가 아니라는 것을 알게 되면 어떠하겠습니까? 그로부터 생기는 결과는 고려하지 않았습니다. 아버지는 유전자 검사를 통하지 않고는 자신이 아버지라는 것을 알 방법이 없습니다. 아마 남녀 간의 전쟁이 정의를 위한 마지막 수단이겠습니다.

사기 당한 남자는 어떻게 하여 평화를 얻습니까?

그는 아이에게 말합니다. "너를 위해 한다." 그럼 그는 평화를 얻습니다. 그리하여 자유롭고 또한 자신의 자존심을 지킵니다. 아주 큰 능력입니다.

그렇습니다. 그 외는 다른 방법이 없습니다.

반대로 아버지 역할을 하지 못하는 경우가 있습니다. 가끔 자녀를 잃는 어머니들도 있습니다. 의식을 가지고 하든지, 의식 없이 하든지 그들은 상대에게서 아이뿐만 아니라 아이를 볼 권리도 빼앗습니다. 그리하면 가끔 아이는 다른 부모를 보려고도 하지 않습니다. 그리고 더 나아가 아이를 가진 부모는 아이가 그런 것을 지지하며 잘한다고 하기도 합니다.

아이는 언제나 자신을 키우는 사람이 원하는 대로 합니다. 다르게 하면 위험하기에 다르게 할 수 없습니다. 아이는 잘 자라지 못하며, 한쪽 부모를 못 보게 하는 부모에게 오래도록 화를 품습니다. 그러기에 못 보게 하는 부모는 얻는 게 하나도 없습니다. 아직 온갖 고생을 하지 않았기에, 만약 충분히 고통을 받으면 많은 것이 변할 수도 있습니다.

아버지 역할을 하기 위해 싸우는 아버지들은 가끔 매우 절망하고 있습니다. 그들께 무슨 말씀을 하시겠습니까?

그런 아버지들은 아이에게 다음과 같이 말합니다. "지금 내가 너를 보지 못해도 나는 너를 위해 언제나 있다는 것을 너는 알아야 한다. 나는 네 아버지이고 너를 위해 있다. 너는 그런 나를 신뢰해도 된다." 그럼 아이는 평온해하기에 아버지는 더 이상 싸울 필요가 없습니다. 오직 기다려야 합니다. 동시에 아이에게 또 말합니다. "나는 네 어머니가 그런 것에 동의한다. 그리고 또한 그러한 네 운명에 동의한다. 전과 마찬가지로 네 엄마는 네게 옳고 나는 네 엄마를 존경한다. 무엇이 일어나든지 나는 네 안에 있는 네 어머니를 존경한다. 너는 어머니가 너를 필요로 하고 또한 네가 네 어머니를 필요로 하는 한 네 어머니와 살아야 한다." 그럼 아이는 더 이상 짐을 지지 않습니다.

그러나 방금 선생님은 아이들이 힘들어 한다고 하셨습니다. 아이들이 져야 하는 짐을 생각하면, 싸워야 하겠습니다. 아이들에게 나쁜 것이 생기지 않도록 투쟁해야 하겠습니다.

그래 봤자 소용없습니다. 아이들이 힘들어 한다는 것은 분명합니다만, 아이들은 그러기에 성장합니다. 유감으로 생각해서는 안 됩니다. 국외자가 '아이고, 이 불쌍한 아이야.' 하면 아이에게 나쁘게 작용합니다. 아이가 바로 그러한 부모를 갖는다고 불쌍하지는 않습니다. 어떤 것이 일어나든 그것이 아이의 운명이 되고, 아이에게 도전이 되며, 또한 짐이 되기도 합니다만, 아이는 그에 동의하여 그것에 의해 성장하여 그것을 넘어섭니다.

그 점에 많은 아버지들은 매우 힘들어 합니다. 선생님 말씀은 많은 사람들에겐 숙명적으로 들립니다. '내 아들의 유년기가 도둑 맞는 것을 어떻게 두고만 볼 수 있는가.' 하면서 그들은 싸웁니다.

그런 투쟁은 그들을 여자들과 같은 차원으로 이끕니다. 아이에게 "너는 내게 속한다." 하면, 아이는 갈아 으깨집니다. 아닙니다. 대신, 너는 내게 속하지 않는다. 너는 네게 속한다. 그러나 나는 네 아버지다. 나는 네게 아무런 요구를 하지 않는다. 그러나 너는 나를 가져도 된다. 너를 위해 너는 내 아들이고, 나는 네 아버지이다. 모두에게 좋게 작용하여 훌륭하고 단순한 풀림을 가능하게 합니다.

그럼에도 아버지들이 힘들어 하면 어떻게 해야 합니까?

그럼 아이에게 또 말합니다. "네게 아주 중요한 말을 해야겠다. 나는 네 어머니를 아주 사랑했단다."

선생님은 인간에게 아주 많은 것을 원하십니다.

그게 사랑입니다. 본래의 사랑입니다.

| 저는 철학적인 통찰에서 어머니들을 존경합니다 |
어머니들과 아버지들의 업적에 관하여

왜 선생님은 그렇게 어머니들을 존경하십니까? 선생님이 가톨릭의 과거를 가지셨기 때문입니까?

저는 철학적인 통찰에서 어머니를 존경합니다. 어머니가 되는 것이 무엇을 의미하는지 저는 자세히 관찰합니다. 모든 어머니는 결정적인 것을 온전하고 완전하게 행했습니다. 완전하게 행하지 않은 어머니는 없습니다. 그렇지 않았다면 어머니가 되지 않았을 것입니다. 결정적인 것에선, 모든 어머니는 온전하고 완전합니다. 나중에 온 것은 그렇게 큰 역할을 하지 않습니다.

 이걸 알기 위해 곰곰이 생각할 필요가 없습니다. 누구나 쉽게 압니다. 단지 다시 자세히 보기만 하면 됩니다. 존재하는 것 중, 가장 위대한 것은 당연히 생명입니다. 생명이 무엇을 의미하는지 치료적인 상황에선 자주 쉽게 잊습니다. 어린아이였을 때 뺨 맞은 것이 기억돼 다뤄집니다만, 어머니로부터 생명을 충만으로 받은 것은 보지 못합니다. 어떤 어머니도 자신의 자녀에게서 생명의 어떤 것을 빼앗지 못했습니다. 또한 아무도 어떤 것을 더할 수 없었습니다. 아무도 더 좋았거나 더 나쁘지 않았습니다. 모든 어머니는 어머니로서 온전하고 완전했습니다. 아주 아름다운 생각입니다.

그렇습니다만, 생명은 또한 다른 면을 가집니다. 선생님은 부모를 향해, 십계명과 같은 마치 종교적인 태도를 요구합니다. 너희들은 부모를 공경해야 한다. 그런데 구체적인 부모상으로 무장한 현대인은 비판적인 의식과 자주적인 사고와 판단 능력으로 뺨 맞은 것을 보면 모든 것을 잊고 반항합니다. 그리하여 뺨 맞은 것은 아주 극적으로 변질될 수 있겠습니다.

그럼에도 제가 말씀드린 것은 진리입니다.

진리로의 창문입니까?

제가 그 창문을 많은 사람을 위해 다시 열었습니다. 심리치료에서 다루는 많은 것들은 부모로부터 온전하게 계속 주어진 생명이 가장 위대한 것이라는 아주 근본적인 통찰과 비교할 때, 부차적인 양상을 가집니다. 아이를 낳는 것보다 창조적 근원적인 힘과 더 큰 공명에 있는 것은 없습니다.

누구나 자신의 욕망과 충동에 따를 수 있습니다. 특별한 어떤 것이 아닙니다. 누구나 할 수 있는 건 아무것도 아니고 개인의 능력이 우리에겐 문제가 됩니다. 내 아이가 잘 자라, 최고의 교육을 받고, 아름답고, 이지적이고 활력에 차 있기를 바랍니다. 이런 것은 개인의 능력에 속합니다.

맞습니다. 아이는 누구나 낳을 수 있습니다. 아이 낳는 것은 특별한 것은 아니지만, 그럼에도 가장 위대한 것입니다. 아이를 낳으면 당연히 아주 많은 능력이 요구됩니다만 출산 자체도 엄청난 능력입니다. 출산보다 더 위대한 어떤 것을 저는 상상할 수도 없습니다. 저는 아이를 낳게 한 경험이 없기에 그런 판단을 할 자격이 없지만, 국외자로서 잘 관찰해 보면 아이 낳는 것은 가장 위대한 어떤 것입니다. 그리고 또한 아이가 태어난 것에서보다, 다른 어느 것에서도 사람들은 더 기뻐하지 않습니다.

| 강렬한 손에 달려 있는 손가락 |

가해자들과 희생자들의 인연

선생님의 가족세우기에 제가 처음으로 관찰자로서 참가했을 때, 선생님은 나치 가해자들을 장 밖으로 나가게 하셨습니다. 말 그대로 그들을 문밖으로 내보냈습니다. 그리고 말씀하셨습니다. '가해자는 귀속에의 권리를 잃었다.'

맞습니다. 살인자인 한 가해자를 밖으로 내보냈습니다. 다른 사람들은 내보내지 않았습니다.

그때의 가족세우기에서는 영혼의 차원에서 가해자와 피해자가 한 가족에 속한다는 상상을 하지 않았다는 말씀입니까?

처음에 우리는 가해자가 자신의 피해자에게 이끌리는 경험을 했습니다. 가해자는 밖으로 나감으로 피해자에게 갑니다. 그런데 어느 피해자든 상관없이 가해자의 가족에 귀속된다는 것이 나중에 나타났습니다. 가해자가 피해자에게 가는 대신 이제 피해자가 받아들여집니다.

다시 말하면 피해자가 가족에 속하지 않는다고 생각하셨기에, 선생님이 가해자를 밖으로 내보냄으로 피해자도 제외하셨단 말씀입니까?

잠깐 동안 그렇게 했습니다만, 금방 그렇게 되지 않는다는 것을 알았습니다.

어떻게 그걸 알았습니까?

나중에 가해자를 가해자 가족 중의 한 아이나 또는 다른 사람이 대신한다는 것을 관찰했습니다. 다른 사람이 그를 대신하지 않도록 하기 위해 가해자는 내려와야 했습니다. 피해자도 마찬가지입니다. 피해자가 들어와야 아무도 그를 대신할 필요가 없습니다. 저는 피해자가 가해자의 가족에 속한다는 것을 더 많은 경험을 통해 알았습니다.

어떻게 그걸 알았습니까?

스위스의 베른에서 처음으로 경험했습니다. 한 남자가 자신의 가족을 세우고 말했습니다. "더 말씀드릴 것은 저는 유대인인데, 저희들이 스위스에 살았기에 제 가족 중엔 아무도 나치에 의해 살해되지 않았습니다." 그런데 그의 어머니는 자살했고, 그 자신도 자살할 생각만 하고 있었습니다. 그 남자와 그의 어머니가 아주 깊이 영혼에서 유대인 피해자와 하나인 것을 볼 수 있었습니다.

그러자 저는 살해당한 유대인 대역 7명을 세우고 그 뒤에 7명의 살인자 대역을 그저 세웠습니다. 그런 후 피해자 대역을 뒤로 돌게 하여 가해자와 마주 보게 하였습니다. 그리고 저는 전혀 개입하지 않았습니다. 가해자들과 피해자들 사이에 움직임이 일어났습니다. 가해자들은 참을 수 없는 고통으로 어찌할 바 몰라 했습니다. 그걸 본 피해자들은 가해자들께 손을 내밀어 그들을 껴안았습니다. 한 가해자는 말했습니다. "여기에 단지 한 사람만 있지만, 내가 마주 보아야 하는 수백 명이 또 있습니다." 단번에 우리는 저 깊이에서 가해자들과 피해자들이 사랑으로 연결된 하나인 것을 볼 수 있었습니다. 어떻게 이게 가능합니까? 가해자들만 아니라 피해자들도 자신들 모두가 그들 뒤의 더 높은 힘에 넘겨진 것을 볼 수 있었습니다. 또 한 가해자가 말했습니다. "나는 내가 온전히 어떤 힘에 넘겨진 것을 느낍니다. 그리고 또한 그 힘이 가진 강렬한 손에 달려 있는 손가락처럼 나는 느낍니다."

이렇게 그 경험은 시작했습니다. 그 후부터 저는 더 이상 가해자를 거절할 수 없었습니다. 그들이 마치 비인간인 것처럼 할 수 없었습니다. 그들이 다른 사람들과 다른 것처럼 할 수 없었습니다. 그들이 그들 뒤의 어떤 힘에 의해 조종되지 않는다고 할 수 없었습니다.

| 저는 제외된 모두를 제 마음에 품습니다 |

'가해자와 피해자' 문제에 이르자 선생님에 대한 반대가 아주 거세집니다. 그들은 선생님이 피해자에게보다 가해자에게 마음의 문을 더 연다고 비난합니다.

맞습니다. 저는 가해자에게 마음의 문을 더 엽니다.

진심입니까?

예, 그렇습니다. 그들이 가장 제외된 자들이기 때문입니다. 만약 제가 조직을 위해 일하려고 하면 저는 우선 가장 제외된 자들을 제 마음에 품어야 합니다. 가족 중의 가해자에 대해 "그가 무슨 짓을 했냐 하면…", 하고 말하면, 저는 즉시 그를 제 가슴에 품습니다. 그럼 절연된 사람들이 즉시 제 영혼에서 서로 연결됩니다. 제가 악마시한 사람들을 가족세우기 시작하기 전에 고려하여 귀속시키기에 가족세우기는 잘될 수 있습니다. 다르게 저는 일할 수 없습니다. 부모가 거절될 때도 마찬가지입니다. 우린 살인자를 바로 볼 필요가 없습니다. 거절된 사람들은 즉시 제 가슴에 자리를 차지합니다. 그리하여 저는 조직적으로 모두를 정말 도울 수 있는 위치에 옵니다.

정치적으로 옳은 사람들의 도덕은 피해자나, 약자, 피압박자들에게 동정을 갖습니다. 그러나 선생님은 정치가 아닌 영혼에 관여합니다. 사람들이 혼란스러워 하거나 오해하는 건 당연하겠습니다.

누가 고함치며 격분합니까? 자신 안에 있는 가해자를 부정하는 사람이 가장 많이 격분합니다. 기이하게도 그런 사람들이 스스로 가해자가 됩니다만, 자신들은 그걸 전혀 감지하지 못합니다.

선생님의 말씀인 "히틀러는 위대한 것을 생기게 했다."는 언제나 자주 인용됩니다. 그래서 많은 사람들은 생각합니다. 어떻게 선생님이 그런 말씀을 할 수 있습니까?

마치 제가 주장하는 것처럼 들립니다만, 무엇이 그 후로 발생했는가 모두 볼 수 있습니다. 지금까지 영향을 미치는 어떤 위대한 것이 생긴 걸 누구나 볼 수 있습니다.

선생님이 긍정적으로 평가하시는 것처럼 들립니다.

저는 평가하지 않습니다. 무언가 완전히 바뀌었습니다. 그리고 그 후 모든 게 다르게 되었습니다.

무슨 말씀입니까? 히틀러가 수백만 명을 살해하게 한 것이 인류 역사에 기록될 위대한 것이란 말씀입니까?

우리가 어떤 효과를 도덕적으로 평가하기에 어려운 점이 발생합니다. 그러나 이 세계를 움직이게 하고 있는 아주 다른 힘들은 완전히 비도덕적입니다. 우리는 그 힘들을 우리의 도덕적 상상에 의해 왜소하게 만듭니다. 하나의 생명이 얼마나 중요합니까? 전혀 중요하지 않습니다. 자아중심적인 관계는 자신 이외의 모든 것을 보지 않게 합니다.

대참사나 재앙, 전쟁 등은 세계에서 자의식의 발전을 가져왔습니다. 그것들이 우리 맘에 들거나 또는 들지 않거나 하는 것을 그것들은 상관하지 않습니다. 우리가 그것들을 좋게 혹은 나쁘게 평가하는 것도 상관하지 않습니다. 이 위대한 움직임들은 또한 한 개인에 의해 촉발될 수 없습니다. 만약 힘을 주는 어떤 움직임이 뒤에 있지 않다면, 어떻게 한 사람이 온 국민을 열광의 도가니에 빠뜨릴 수 있겠습니까?

아무런 도덕이나 대립도 모르는 신비주의의 파수꾼이 하는 말로 들리는데요.

현상과 그 결과를 보고, 그러한 움직임들이 한 사람에 의해 유발될 수 없다는 철학적인 관찰입니다.

더 예를 들겠습니다. 히틀러가 연단에 서면 모두가 감격했다고 합니다. 그런데 그 후 히틀러는 허물어지듯이 쓰러졌다고 합니다. 저는 다음과 같이 봅니다. 그는 어떤 장에서 나왔습니다. 연설 중에 있었던 장은 그 자신의 장이 아니었습니다. 그렇지 않다면 그는 그렇게 허물어지듯이 쓰러지지 않았을 것입니다. 이 장은 다른 곳에서 왔음에 틀림없습니다. 신을 거론할 수 없습니다. 그렇다면 그가 예언자와 같이 들리기 때문입니다. 저는 여기에서 우리가 파악할 수 없는, 그러나 우리 뒤에서 작용하고 있음에 틀림없는 힘들이란 개념을 사용합니다.

선생님 말씀을 듣고 있자니, 저의 도덕적인 귀는 다음과 같이 듣습니다. "큰 것은 좋아서 어떤 것을 생기게 하고, 작은 것은 나빠서 실패한다."

그런 생각은 제게 정말 낯섭니다.

선생님의 철학적인 차원에서 선과 악의 구별이 끝나는 것과, 독일에서 공공연하게 히틀러는 신이 보낸 자라고 하는 것은 다른 것입니다만, 그런 것들이 선생님을 오해하게 합니다.

모든 위대한 움직임들은 오직 도덕을 넘는 신의 움직임으로 파악할 수밖에 없습니다.

| 피해자들이 우리 마음에 자리를 잡아야 합니다 |

 선생님의 철학에선 피해자가 어떻게 나타납니까? 선생님은 독일에서 독일인으로서 피해자들은 우리 마음에 자리를 잡아야 한다고 말씀하십니다. 아주 도발적입니다.

 제가 어느 차원에서 이 문제에 접근하는가 예를 들겠습니다. 저는 저의 폴란드 친구인 제논과 폴란드의 브레스라우에서 크라카우로 기차 여행 중이었습니다. 그때 제 친구는 크라카우란 도시에 관해 이야기했습니다. 거기에는 아주 큰 유대인 밀집지역이 있었는데 거기에 살았던 유대인들은 거의 모두 다 살해당했습니다. 그 유대인들은 오늘날의 폴란드에서 어떤 자리도 차지하지 못하고 있습니다. 제 친구는 많은 폴란드 사람들이 다음과 같이 말한다고 했습니다. '유대인들은 당연히 그런 일을 당했어.' 우린 아직도 폴란드에 반유대주의가 널리 퍼져 있는 걸 알 수 있습니다.
 저는 크라카우란 도시를 상상하고 제게 질문했습니다. '그 유대인들은 어떠할까?' 그러자 저는 그 도시 안으로 들어오려고 하지만 들어오면 안 되는 그 도시를 둘러싼 많은 사람들을 제 내면의 눈으로 보았습니다. 그들은 전에 거기에 살았던 유대인들입니다. 그들은 도시를 둘러싸고 밖에 있습니다. 크라카우에 머물렀던 마지막 날 저는 유대인들이 살았던 구역을 산책했습니다. 집들은 부서진 곳이 없이 제대로 서 있습니다. 유대인 교회당뿐만 아니라 히브리어로 쓰인 가게의 간판들도 아직 그대로 있습니다. 저는 거기에 나를 맡겼습니다. 그러자 저는 거기에 살았던 사람들이 창밖으로 내려다보는 것을 보았습니다. 그들의 눈에는 눈물이 흐르고 있었습니다.

선생님의 내면의 상이죠?

그건 저의 상이었습니다. 저는 그걸 제 눈으로 보고 감지했습니다. 그렇게 저는 저를 거기에 맡겼습니다.

그날 저녁의 강연에 1,000명이 넘게 참석했습니다. 그들에게 제 경험을 이야기하면서 폴란드 사람들에게 무엇이 부족한가 말했습니다. 폴란드에 살았던 유대인들을 데려와 자신들의 가슴에 품을 때, 폴란드 사람들의 영혼은 상상할 수 없이 넓어진다고 말했습니다.

쉴레지어(구 독일에 속한 지역인데 2차 대전 후 폴란드에 귀속된 지역)로도 여행했습니다. 거기에 있는 많은 것은 황폐히 누워 있습니다. 많은 공장들의 문은 잠긴 채 있습니다. 쉴레지어 사람들이 단지 거기에 빠져 있습니다. 쉴레지어 사람들이 거기에 없다는 것은 그 땅을 위해 엄청난 손실입니다. 제겐 정치적인 문제가 아닙니다. 정치적으로 아무것도 변화해서는 안 됩니다. 쉴레지어 사람들은 폴란드에도 속합니다.

폴란드에 속하다니 무슨 뜻입니까?

영적인 차원입니다. 지금 쉴레지어에 사는 모든 사람들은 거기를 떠난 사람들뿐만 아니라 추방당한 사람들에게 고향의 권리를 자신들의 영혼에게 주어야 합니다. 그러면 그들은 믿을 수 없는 힘을 직접 그로부터 얻습니다. 제 강연에 참석한 사람들은 그를 위해 열려 있었습니다.

독일에 살았던 유대인들도 독일에 자리를 잡아야 합니까?
당연합니다.

어디에 자리를 잡아야 합니까? 베를린에 세워진 엄청나게 큰 유대인 기념물이 제 생각에 떠오릅니다.
유대인들은 우리의 영혼에 고향의 권리를 가져야 합니다. 나를 공격하는 사람들은 진정으로 유대인들을 가슴에 품지 않습니다. 그들은 가해자들만 보면서 유대인들과 직접 대면하지 않습니다. 그들이 유대인들에게 자신들의 영혼에 사랑과 존경으로 자리를 차지하지 않게 하기에, 그들은 가해자들과 정말 똑같습니다.

| 저는 가해자들로부터 물러서기에
가해자들과 관계하지 않습니다 |

선생님을 비난하는 사람들이 유대인들을 가슴에 품지 않는다는 것을 어떻게 아십니까?

그들을 마음에 품어야 합니다. 마음에 품는 것은 연설을 한다거나 기념물을 세우는 것과 다른 어떤 것입니다.

 폴란드에서 거기에 나를 맡겼을 때 저는 물론 가해자들도 보았습니다. 모든 것을 행한 사람들을 보았습니다. 그들은 독일인이었고, 소련인 그리고 폴란드 사람들이었습니다. 그러나 저는 그들과 관계하여 그들을 다루도록 허락받지 않았습니다. 피해자들만 그걸 하도록 허락받았습니다.

무슨 말씀입니까?

제가 말한 그대로입니다. 저는 가해자들로부터 물러납니다. 저는 피해자들을 존경합니다. 그들만이 가해자들과 관계할 수 있는 권리가 있으며, 관계하여 그들과 신 앞에서 우리가 신을 어떻게 이해하든 하나가 될 때 피해자들은 평화를 얻습니다. 나중에 잘난 체하며 피해자들을 위해 싸운다고 말하는 사람들이 정말 피해자 편에 서 있습니까? 그들이 정말 피해자를 존경합니까?

정치적으로 말씀하십니까? 또는 영혼의 차원입니까?

이런 분야에서의 모든 변화는 영혼과 정신에서 행해집니다. 그러면 정치는 행동할 수 있습니다.

선생님 말씀은 영혼과 정신적인 맥락에서 이해되어야겠습니다.

한면에서는 그렇습니다만 그렇게 되면 당연히 정치적인 결과를 갖습니다. 여기에 강렬한 움직임들이 시작됐다는 것을 인정하면, 독일인들은 자신들이 그 강렬한 움직임에 잡혀 있었다고 말할 수 있을 겁니다. 그러면 더 이상 비난하지 않고 단번에 가해자들과 동등한 자리에 있습니다.

정말 정치적인 면에서 말씀하시는 것입니까? 아니면 차라리 신비적인?

모든 것은 통찰로 시작합니다.

| 저는 히틀러를 어떤 것을 변명할 필요가 없는
인간으로 봅니다 |

궤벨스(나치 선전장관)도 말했습니다. 우리가 이해할 수 없도록 인간은 역사의 도구로서 행동하는데, 인간 자신이 그걸 의식하든 의식하지 못하든 문제가 안 된다.

그렇습니다.

선생님이 동의하실 거라고 저는 두려워했습니다. 선생님의 통찰과 궤벨스의 통찰은 어떤 차이가 있습니까?

그의 말은 그가 개인으로서 느끼지 않았다는 것을 또 한번 보여 줍니다. 그는 자신을 휩쓴 한 움직임의 일부로 느꼈습니다. 궤벨스뿐만 아닙니다. 전 독일 국민이 같이 휩쓸렸습니다. 그때 누가 누구를 잘못 이끌었습니까? 히틀러가 국민을 잘못 이끌었습니까? 아님 국민이 히틀러를 잘못 이끌었습니까?

선생님께 어찌하여 이 질문이 그렇게 중요합니까?

이 질문에 단지 자신을 맡기기만 하면 우리는 아주 겸손한 차원에 옵니다. 윌프리드 오엔의 시, 「타자의 만남」의 마지막 문장에서와 같이, 오전에 적을 찔러 죽인 한 병사가 죽임을 당해 저승에서 상대를 만나 서로 눈을 맞추고 질문합니다. "그 모든 것이 무엇인가? 그리고 무엇을 위해선가?" 이 시의 마지막 문장은 다음과 같습니다. "이제 편히 쉬게 해 주세요." 그러면서 끝납니다. 우리를 아주 다른 어떤 것에 연결시켜 주는 이 태도는 우리가 평소에 생각하는 이상으로 우리를 겸손하게 합니다. 그럼 오만과 거만은 그칩니다. 가해자, 피해자, 나치 또는 비非나치 등은 아무런 역할을 하지 않습니다. 그리하여 이 역사적인 움직임에서 모두는 한 배에 탑니다. 이걸 인정하는 것이 결국 종교적인 행함의 완성입니다.

사람들은 선생님을 정치적, 이데올로기 차원에서 공격합니다. 많은 사람들의 눈엔 선생님의 말씀이 "나치 헬링거", 더 나아가 반유대주의자로 비칩니다.

저도 그 오해를 풀려고 노력했습니다. 그러나 제가 요약한 금언집을 보면 이 현상을 잘 이해할 수 있습니다. 황소는 자신의 붉은 천에 의해 눈이 멉니다. 사람들은 '신이 보낸 자'란 말을 듣고 더 이상 생각하지 않습니다. 자세히 알 노력도 않고 또는 그 배경이 무엇인가 읽으려고 하지도 않고 무조건 반대합니다.

왜 선생님은 영적인 과정이나 또는 철학적인 여담의 장소가 아닌 대학과 같은 공공장소에서 이 문장들을 던집니까? 누가 이 통찰들을 필요로 합니까?

붉은 천으로 앞을 가린 사람들은 그래도 보지 못합니다.

제가 어떤 것을 말함으로 어떤 것이 움직입니다. 풀림이 아닙니다. 그러나 안락하게 기대며, "나는 아주 좋은 사람이다."라고 말하는 사람들은 불안해합니다.

어떻게 그런 결론을 내리십니까? 그들은 더 강하게 느껴 선생님을 재판하려고 할 것입니다.

나에게 반대하는 사람의 내면에선 무엇이 일어나겠습니까? 그들의 영혼에 어떤 것이 충격을 받았음에 틀림없습니다. 그렇지 않다면 그렇게 움직일 수가 없습니다. 이 순간 그가 피할 수 없는 개인적인 문제가 충격을 받았습니다. 그러나 저는 제 말로 누가 무엇을 하든 원칙적으로 상관하지 않습니다. 상관하는 순간 저는 제 자유와 감지능력을 잃습니다. 왜 제가 나를 오해할 수도 있다고 제가 두려워하는 어떤 사람을 쉬지 않고 쳐다보아야 합니까?

개인으로서가 아니라 움직임의 맥락에서 말씀드립니다. 싸워야 할 투쟁의 일부로서 저는 말합니다. 투쟁을 저는 두려워하지 않습니다.

선생님은 계몽하는 사람입니까? 선생님께 개인적으로 질문하겠습니다. 선생님은 무엇을 일으키려고 하십니까?

이 움직임이 무엇을 일으키는지 아직 분명하지 않습니다. 아직 열려 있습니다. 아직 아무도 모릅니다.

그러나 어떤 것이 일어나고 있습니다. 함부르그나 바이에른의 어떤 성인 교육기관에서는 더 이상 가족세우기를 해서는 안 됩니다. 스위스에서는 선생님의 가족세우기가 통일교와 같이 취급됩니다. 가족세우기를 사람들이 두려워하며 피합니다. 이런 결과를 어떻게 보십니까?

갈등의 일부입니다. 결국 어떻게 될 지 20년이 지난 후에 판가름이 납니다. 그러기에 저는 제 일을 계속합니다.

저는 벌써 『파국(히틀러의 12년간 통치에 관해 독일 감독이 만든 영화)』에 대해 말씀드렸습니다. 이 영화는 많은 사람들로 하여금 토론하게 했습니다.

아직도 아주 많은 독일 사람들이 히틀러에 의해 사로잡혀 있다는 것을 보는 것은 놀랄 일입니다. 또한 많은 과거가 청산되지 않은 것도 볼 수 있습니다. 저도 여기에서 전체의 일부로서 제 역할을 합니다. 이 분야에 움직임을 가져오게 하여 풀림을 보이는 것에 기여합니다.

그 영화를 관람하실 겁니까?

아닙니다. 제겐 필요 없습니다. 저는 어떤 말을 할 필요도 없이, 히틀러를 한 인간으로 볼 수 있습니다. 그리고 저는 그가 어떤 것에 봉사했다는 것을 봅니다. 그 영화는 다음과 같은 것을 보여 줄 것입니다. 아무도 히틀러로부터 도망갈 수 없었습니다. 파국에서도 도망갈 수 없었다는 것은 믿을 수 없는 일입니다. 마지막 지하 벙커에서도 아무도 히틀러를 거역할 수 없었습니다. 우린 여기에서 어떤 위대한 힘이 일한다는 것을 볼 수 있습니다. 그 힘에 모두는 넘겨져 있었습니다. 그리고 히틀러가 그 많은 암살 시도에도 살아남았다는 것은 그 움직임이 참혹한 파국까지 가야 한다는 것을 제게 보여 줍니다. 다른 힘들이 작용하고 있습니다. 그렇다고 제가 그 영화를 볼 필요는 없습니다.

그렇게 많은 사람들이 그 영화를 관람했다는 것은 무엇을 말해 줍니까?

매혹과 무엇보다 아직도 끝나지 않았다는 것을 보여 줍니다. 그들은 히틀러를 인간적으로 보려고 합니다. 그러기에 그들은 히틀러에 매혹됩니다.

더 정확히 말씀해 주십시오.

어떤 것이 아직도 풀려지지 않았습니다. 그러기에 그 많은 사람들이 몰립니다. 또한 다른 주장들이 독일인의 영혼에 자리하고 있지 않다는 것을 보여 줍니다. 그리고 히틀러를 인간으로 여겨서는 안 된다는 시도는 아무런 설득력이 없습니다. 그 엄청난 관심은 그걸 말합니다. 어떤 것이 아직도 풀려지지 않고 있습니다. 저는 그걸 보도록 일부 기여를 합니다. 저를 숨길 필요가 없습니다.

그러기에 선생님은 사람들로부터 호감과 공감을 잃으셨습니다. 그리고 많은 사람들이 불안해합니다.

그건 당연한 결과입니다. 불안해하는 사람들은 스스로 거기에 자신을 세워야 합니다. 아무도 대신해 줄 수 없습니다.

선생님과 친한 많은 사람들은 선생님의 명예를 손상시키는 그런 비난에 선생님이 어떤 말씀을 하시길 바랍니다.

그렇습니다. 저는 분명히 말합니다. 제가 거기에 아무 말 하지 않기로 결정했습니다. 저는 저를 비난하는 사람들과 같은 차원에 저를 이끌지 않습니다. 이게 제가 할 수 있는 전부입니다.

선생님이 말씀하실 때, 선생님은 개인으로서가 아니라 하나의 움직임의 일부로서 말씀하신다고 하면, 선생님의 위치는 어딥니까?

저는 제가 가진 통찰들을 선물로 경험합니다. 가족세우기가 발전한 것은 제가 시작한 것이 아닙니다. 저는 아무것도 육성하지 않습니다. 또한 아무런 선전도 하지 않습니다. 스스로의 힘으로부터 내면에서 발전하고 있습니다. 이 힘은 제 힘이 아닙니다. 신의 생각들이란 책에 있는 히틀러에 관한 문장도 이 통찰에서 옵니다.

| …그리고 기독교인이 유대인을 십자가에 못 박았다 |
반유대주의, 유대인과 기독교인에 관하여

그렇다면 선생님은 반유대주의도 아주 강렬한 움직임으로 보십니까? 사실 하나의 움직임이었습니다. 독일에서뿐만 아닙니다.

반유대주의는 개인적인 것이 아닙니다. 반유대주의는 하나의 장입니다. 더 정확히 말씀드리면 유대인의 장인 희생자, 그리고 기독교인의 장인 가해자, 두 개의 장으로 이루어져 있습니다. 이 두 개의 장은 같이하지 아니합니다. 유대인은 자신의 장에서 피해자로, 기독교인은 자신의 장에서 가해자로 움직이고 있기 때문입니다. 그리고 양쪽 다 부인하면서 움직이고 있습니다. 많은 유대인들은 희생자를 사랑도 없이 또한 존경하지도 않고 봅니다.

유대인들이 희생자를 보지 않는다고요? 그들 자신이 희생자입니다.

예를 들겠습니다. 유대인들이 크라카우로 이스라엘에서 이스라엘 국기를 들고 왔습니다. 그들은 폴란드 사람들과 아무런 관계도 하려 하지 않고 유대인의 호텔로 가서 먹고 잡니다. 여러 번 그랬다 합니다. 그들은 희생자들과 결코 공감하지 않았습니다. 다른 사람들을 싸워 이기려고 거기에 갔습니다. 그들은 살해당한, 창밖을 보고 울고 있는 유대인들을 보지 못했습니다. 그들과 함께 슬퍼하지 않습니다.

그들이 어떻게 희생자들을 보아야 합니까? 우리가 감히 이런 질문을 해도 됩니까?

그들이 희생자를 마음에 품도록 하는 의미에선 가능합니다. 그러나 많은 사람들은 희생자들을 다르게 봅니다. 그들은 자신들이 희생자라고 말합니다. 그리고 가해자들을 나쁜 사람들로 봅니다. 그들의 장 안에선 이렇게 할 수밖에 없습니다. 그들은 언제나 반복해서 발생한 것을 기억합니다만, 희생자들을 사랑으로 기억하지 않습니다. 사람들은 이런 사람들과 관계하기 어렵습니다. 그들이 자신들의 장에서 희생자들과 사랑으로 연결돼 있지 않기 때문입니다. 이건 제 상입니다.

그럼 기독교인들은 어떻습니까?

아주 똑같습니다. 정반대로 똑같습니다. 그들은 가해자들을 보지 않습니다. 지난 2,000년 동안 기독교인들이 유대인들에게 상상할 수 없는 방법으로 가한 것들을 보지 않습니다. 그들은 "우리도 거기에 속합니다. 우린 같은 배에, 같은 장에 있습니다. 우리도 당신들과 같이 유대인들에게 반감을 가졌습니다."라고 하지 않기에 가해자들과 연결돼 있지 않습니다. 유대인들과 마찬가지로 "우린 같은 장에 있습니다." 하지 않습니다. 만약 유대인들에게 이게 가능하다면 그들은 희생자들과의 관계에서 힘을 얻어 희생자 태도로부터 나올 수도 있겠습니다. 기독교인들도 마찬가지입니다. 기독인들은 자신들 편에 있는 가해자들을 같은 의미로 보지 않습니다. 많은 면에서 가해자들과 같은 장에 있다고 기독교인은 인정하지 않습니다.

반유대주의를 극복하기 위한 과정으로써 연구, 책 그리고 발표된 논문들이 있습니다. 모든 종류의 가해자 이데올로기를 엄하게 추적하는 것이 오늘날 정치적 정의에 속합니다. 기독교인이 가해자를 보지 않는다고, 어떻게 선생님은 말씀하실 수 있습니까? 그들은 반유대주의를 다뤘고, 많은 성경 말씀은 우리의 정치적 사고나 문화의 일부가 되었습니다.

기독교인은 자신들이 가해자들과 같은 배에 타고 있고, 그들과 같은 정서를 갖고 있다고 고백하는 의미로 가해자들을 보지 않습니다. 그러기에 오늘날까지 반유대주의는 기독교에서뿐만 아니라 넓게 퍼져 있습니다.

잘 이해가 안 됩니다. 사람들이 가해자들과 같은 정서를 갖지 않게 하기 위해 반유대주의는 아주 강하게 극복되고 있습니다. 선생님은 어떤 풀림을 원하십니까?

유대인이 자신들의 장에서 피해자들과 하나가, 그리고 기독교인이 자신들의 장에서 가해자들과 하나가 되길 원합니다. 어떤 도덕적인 구별 없이 그들은 그들을 인간으로 봅니다. 그리고 "우리는 이 장에서 피해자입니다." 또는 "우리는 이 장에서 가해자입니다."라고 귀하게 인정합니다. 그리하여 이제 기독교인과 유대인은 자신들의 장에서 이 과정을 거친 후 서로 관계를 맺을 수 있어 풀림을 찾을 수 있 겠습니다. 각자 자신들의 장에서 조상들과 같이 하나가 되어야만 가능합니다.

하나의 다른 종류의 기독교·유대교 대화이겠습니까?

통상의 대화는 표면적이어서 이 깊이로 가지 않습니다. 이 대화는 자신들이 반유대주의자가 아니라고 말하지 않고도 기독교인을 가볍게 해 줄 것입니다.

저는 어디에서 제가 반유대주의자라는 것을 압니까? 선생님은 어디에서 자신이 반유대주의자라는 것을 아십니까? 반유대주의는 어디에서 시작합니까?

어디에서 시작합니까? 예수와 대제사장인 가야바에서 시작합니다. 거기에서 결정적인 사건이 일어납니다. 예수는 십자가에서 울부짖습니다. "나의 하나님, 나의 하나님, 어찌하여 나를 버리셨나이까?" 무슨 말씀입니까? 이는 신이 유대인도 정의롭다 한 것입니다.

예수는 그렇게 버림받음을 느꼈습니다. 이게 반유대주의와 무슨 관계가 있습니까?

예수는 자신이 옳다고 생각했습니다. 유대인들을 치면서도 옳다고 생각했습니다. 예수는 유대인을 의문시하여, 자신이 신 곁에 있음을 느꼈습니다. 그러나 신이 자신을 떠났다고 인정하기에, 신은 유대인 편에 섰습니다. 그렇다면 예수는 가야바에게 가 말해야 합니다.

당신이 옳았습니다. 그리고 예수는 가야바에게 입맞춰야 합니다.

가야바는 대제사장이었습니다. 그는 예수를 십자가에 못 박게 했습니다. 이게 반유대주의의 시작입니다. 기독교인이 예수와 함께 가야바에게 가 신이 유대인 편에도 있다고 인정해야만 —그리하여 양쪽 다, 신이 우리 편에만 있고 저편에는 없다고 말할 수 없어야(신이 자신들만의 편이라는 경험이 유대인과 기독교인의 분쟁의 시작입니다)—, 우리가 내면에서 이걸 실행해야만, 이 분쟁은 끝날 수 있습니다.

아주 나중에 태어난 저와 무슨 상관이 있습니까? 저는 어떤 유대인도 모르고 제 부모님은 나치가 아니었습니다. 기독교적인 교육을 받았습니다만, 교회를 탈퇴했고 교회에도 가지 않습니다. 그럼에도 선생님은 제가 기독교에 속한다고 말씀하십니다.

당연히 속합니다.

그리고 선생님은 말씀하십니다. 제가 그 과정을 내면에서 실행하지 않고, 의식적으로 가해자 편에 나를 세우지 않는 한…

…아닙니다, 가해자 편이 아닙니다. 단지 가해자와 같은 장에 있다고 인정합니다. 아무도 신이 자신들에게만 있다고 주장할 수 없습니다. 희생자로서 예수뿐만 아니라 가해자로서 유대인들도 주장할 수 없습니다. 만약 신이 자신들에게만 있다고 하면, 신은 다른 편을 듭니다.

아직 완전히 이해 못하겠습니다.

예수는 자신을 신이 보낸 자라고 느꼈습니다. 예수는 성전에 들어가 환전상의 탁자들을 뒤엎으면서 유대인을 공격했습니다. 스스로 그들 밖에 세우면서, 자신을 신의 편에 세웠습니다. 신이 자신의 것이라고 주장하면서, 예수는 우월하게 느꼈습니다.

그러나 예수의 말씀은 많은 사람들을 움직였습니다. 그는 잃어버린 신앙을 다시 찾게 했습니다.

그의 말씀은 훌륭합니다. 제겐 위대합니다. 그러나 여기에선 마지막 차원에 관한 것입니다. 신이 내 편에 있다거나, 또는 내 편에 있을 거라고 아무도 기대할 수 없는 차원입니다. 이게 마지막 결론입니다. 신은 희생자의 편에도 또는 가해자 편에도 있지 않으며, 더 나아가 가해자뿐만 아니라 희생자도 떠나지 않았습니다. 우린 완전히 다른, 영적인 차원에 와 있습니다.

어느 편에서 화해가 시작할 수 있습니까?

반유대주의의 뿌리를 뽑는 움직임은 기독교인에게서 시작해야 합니다. 유대인을 향해 인정해야 합니다. 당신들도 옳습니다. 신은 우리 편만이 아니고 우리 모두의 편입니다. 그러면 종교적인 차원의 화해는 신 앞에서 일어납니다. 그리해야 기독교인은 자신들이 유대인에게 무엇을 했는가 볼 수 있습니다. 여기에서 우리는 반대로 기독교인이 유대인을 십자가에 못 박았다는 것을 볼 수 있습니다.

그렇다고 무엇이 좋게 됩니까?

기독교인과 유대인은 그들 사이에 일어난 그 참혹한 것을 같이 볼 수 있습니다. 그리고 말합니다. "아이고, 이런, 이제까지 우리가 무엇을 했는가!" 그리하여 양 진영은 지난 2,000년간의 고통과 피를 볼 수 있습니다. 그 바보 같은 무의미한 것들을 볼 수 있습니다. 그리고 가야바와 예수를 같이 볼 수 있습니다. 함께 이쪽도 보고, 같이 저쪽도 봅니다. 그러면 마침내 지납니다.

| 저는 사랑에 있기에 연결돼 있는 동시에 자유롭습니다 |

자주와 어른들의 사춘기에 관하여

선생님의 말씀은 많은 사람들에게 무리한 요구를 합니다. 우리의 지각은 우리가 움직이고 있는 장에 연결돼 있다고, 우리는 봉사하도록 잡혀져 있다고 그리고 움직임들은 더 높은 힘들에 의해 조정되고 있으며 더 나아가 우리의 양심조차도 우리 가족이나 우리가 속한 그룹에 좌우된다고 하십니다. 그렇다면 자유와 자주는 어디에 있습니까? 우리는 어느 정도 확정돼 있으며, 얼마만큼 행동할 수 있는 여유를 가집니까? 선생님의 철학을 둘러싼 이러한 토론은 선생님의 인간상이 숙명적 아니 더 나아가 전체주의적이라고까지 합니다.

오늘날 인간은 자신들의 삶을 협동적, 의식적으로 계획할 수 있는 모든 가능성을 가진다고 말할 수 있겠습니다. 그리고 치료자들은 그렇게 살지 못하게 하고 있는 장애를 의뢰인들이 없앨 수 있게 돕는 데 있다고 말할 수 있겠습니다.

현대의 주체인 인간은 얼마나 자주적입니까? 선생님의 철학과 가족세우기를 통해 선생님은 인간의 자주를 위해 어떤 기여를 하십니까?

인간이 자주적이라는 상상은 철학적으로 볼 때 가소롭습니다. 모두는 모두에게 영속적으로 의존돼 있습니다. 우리 부모와 우리가 자란 장은 우리를 창조했습니다. 우리 조상들뿐만 아니라 죽은 자들, 또한 우리가 행한 것들, 그 모든 것은 우리와 지금 함께합니다. 우리는 그 안에서 움직이고 있습니다. 제 생명의 많은 것들을 제가 자유롭게 결정할 수 있다고 상상한다면, 저는 왜소합니다. 작고 빈약하고 초라합니다. 저는 이 큰 움직임에, 조상들에 그리고 가족들에 연결돼 있습니다. 그리고 이 연결돼 있음은 내 자유의사에 영향을 받지 않습니다. 저는 단지 그 안에 있으며, 또한 어떤 것이 움직이게 합니다. 어느 정도 그것을 제가 한 것으로 할지 제겐 아무런 의미가 없습니다.

주체 개념은 복종과 자주적 결정 양면을 가집니다. 선생님은 맺어져 있음의 관점에서 복종을 강조하시면서 자주적 결정을 가소로운 어떤 것으로 만듭니다. 그러나 70년대의 치료운동 전체는 개인의 자유를 목표로 삼았습니다. 에릭 베르너는 극단적으로 다음과 같이 표현했습니다. "내가 당신을 사랑하는 게 당신과 무슨 상관이 있습니까?" 독일의 경우 전체주의 사회에 대한 반작용으로써 개인의 자유는 지난 40년 동안 너무나 강조된 게 아닙니까?

저는 자주와 자유에 관해 아무런 의견을 가지지 않습니다. 단지 관찰을 보고할 뿐입니다. 지난 15년 동안 가족세우기를 하면서 저는 제가 보고한 것 이외에 다른 것을 보지 못했습니다. 다른 사람들도 가족 내에 얼마나 많은 자유가 있는지 관찰하고 검사할 수 있습니다. 입양은 아주 좋은 예입니다. 무엇이 자주적입니까? 어떤 것이 자유롭습니까? 아무것도 자주적이지 않고 자유롭지 않습니다. 모든 가족세우기는 우리가 시스템에 맺어져 있다는 것을 보여 줍니다.

자주의 개념은 혁명적이었습니다. 자주가 없는 현대인을 우리는 상상할 수 없습니다. 무엇보다 "나는 내가 먹는 빵의 노래를 부른다."라는 격언에 대한 거절입니다. 사상의 자유, 종교의 자유 등 모든 것은 자주와 관계 있습니다.

자주의 개념은 분리를 정당화하려고 합니다. 정치적 구호이어서 어떤 목적을 이루려고 합니다. 시대에 뒤떨어진 억압으로부터 해방을 얻기 위한 논쟁의 일부입니다. 결속을 완화시키는 목적에 자주는 봉사합니다. 그렇다면 당연히 자주는 생명의 한 자리를 차지합니다. 그렇다고 자주를 일반화시키는 것은 당치 않습니다. 어떤 아이도 부모로부터 떨어져 자주이지 않습니다. 누구도 조상으로부터 떨어져 자주이지 않습니다. −다른 문화는 이걸 압니다. 또한 삶과 죽음으로부터 떨어져 자주이지 않습니다. 그런 것은 없습니다.

    자주와 자유는 일정한 범위 내에서 타당성을 가집니다. 좋은 목표를 이루기 위한 것이라면, 사람들은 지지할 수 있고 또 지지해야 합니다. 이 의미에선 저도 자주 자주적으로 행동합니다. 다른 사람들의 마음에 들지 않아도 그렇게 합니다. 정당합니다. 더 이상 아닙니다. 그렇다고 사람들이 의존돼 있지 않은 것은 아닙니다. 그리고 자주와 자유는 다른 곳에 자주적이지 않고 속해 있어야만 가능합니다. 다른 곳에 봉사하도록 잡혀 있고 거기에 동의해야 자주와 자유는 가능합니다.

우리가 시스템 내에서 오직 우리 의지대로만 움직이지 않는다는 것은 분명합니다. 혹시 『밸런스』라는 아주 짧은 영화를 보셨습니까? 다섯인가 여섯 명의 인물이 원주 위에 놓여진 철판 위에 서 있습니다. 철판이 중심 잡고 놓여 있을 수 있도록 철판 한가운데에 상자 하나가 놓여 있고, 사람들은 중심 근처에 2명을 비롯해 골고루 넓게 서 있습니다. 그리고 한 사람이 상자 쪽으로 움직이자마자 철판이 기울어져 아무도 미끌어져 떨어지지 않기 위해 다른 사람들도 즉시 움직여야 합니다. 두 번째가 움직이자, 균형이 잡히도록 다른 모두가 같이 따라 움직여야 합니다. 어떻게 사회적 시스템이 움직이는가 보여 주는 교육 영화입니다.

선생님은 세 개의 기본 역학관계로 설명하셨습니다. 질서, 인연 그리고 조절입니다. 이것이 시스템이 갖는 속성입니다. 다시 제가 짧게 말씀드린다면, 사람들이 사는 어느 곳에서나 이 세 개의 속성이 작용하여 서로의 관계를 잘되게 하거나 또는 얽힘으로 이끕니다.

그러나 사람들은 마치 선생님이 이 시스템 속성을 고안해 낸 것으로 이해하고 있습니다. 그리하여 선생님이 사람들을 어떤 것에 밀어 넣거나, 사람들에게 어떤 것을 강요나 강제한다고 생각합니다.

『밸런스』란 영화는 시스템 속성을 아주 잘 보여 줍니다. 모두는 모두에게 의존돼 있습니다. 한 사람이 홀로 고려되지 않고 언제나 모두가 고려됩니다.

시스템이 갖는 이 의미로 저는 선생님이 강조하신 우리가 갖는 자주의 제한성을 이해합니다. 그렇다고 우리 모두가 더 큰 힘들에 의해 봉사하도록 잡혀 있다는 것은 다른 질문입니다. 선생님은 80세가 된 노인으로서 그렇게 말씀을 하십니다만, 자주와 자유가 20대가 된 제 아들들의 흥미를 더 끕니다.

당연합니다. 청년들을 보는 것은, 그 많은 기대를 가지고 삶을 바라보는 그들의 얼굴을 보는 것은, 보기만 해도 너무나 아름답습니다. 당연히 다르게 될 것입니다만, 그들이 이 믿음에 있다는 것을 보는 것은 오직 아름답기만 합니다. 삶은 그렇습니다. 그러기에 저는 옳고 그름에 대한 상상을 가지지 않습니다. 쭉 뻗은 길은 창조적이지 않습니다.

당연히, 우리는 맺어져 있다고 말하는 것과 나는 자주적이며 자유롭다고 말하는 것은 구별이 됩니다만, 일정한 성장 과정에서

'나는 자유롭고 자주적이다.'라고 하는 것은 본질적이기도 하겠습니다. 그것은 마치 나귀로 하여금 앞으로 계속 가게 하기 위한 당근입니다.

만약 그들이 나이가 들어서도 '나는 자유롭고 자주적이다.'라고 말하면 어떠합니까?

그들이 '나는 자유롭고 자주적이다.'라고 말한다면, 그들의 영적인 나이는 몇입니까? 얼마나 많은 생명경험을 했습니까? 사춘기입니다. 단지 사춘기에 있습니다. 자신에겐 맞을지 모르지만 어디에서도 통용되지 않습니다.

　사람들이 생각이나 행동에서 어떤 장에 맺어져 있는 것을 저는 보았습니다. 그리고 장이 우리가 무엇을 보고 행동하는 것을 결정합니다. 당연히 우리는 이 장 안에서 어느 정도 여유를 가집니다만 장 밖으로 나갈 수 있는 결정을 자유롭게 할 수 있다는 것은 환상입니다. 그러나 많은 사람들은 이 환상을 위해 비싼 대가를 치릅니다.

어느 정도 치릅니까?

만약 어떤 사람이 '나는 자유롭기를 원한다.'라고 말한다면, 그는 무엇을 합니까? 그는 다른 사람에게 해를 끼칩니다. 자유를 원용하여 어떤 사람과 이별하는 권리나 의무를 거절하는 권리를 주장합니다. 예를 들면 자신의 자녀를 버립니다. 이러한 자유는 인연을 회피하려는 것입니다. 이 순간 그는 오직 자신만 봅니다. 그런 후, 자유로운 그는 무엇을 합니까? 아무것도 하지 않습니다. 결코 아무것도 그는 할 수 없습니다. 이런 종류의 자유는 완전한 공허입니다. 이 자유로운 공허를 견딜 수 없기에 다시 인연을 맺습니다.

자유란 다른 사람 없이 있는 것인데, 아무도 그럴 수 없기에 다시 인연을 맺습니다. 인연을 맺자마자 그에겐 더 이상 그런 자유가 없습니다. 무엇보다 자녀가 있으면 아무도 결코 자유롭지 않습니다. 그러나 충족돼 있습니다. 이 인연 안에서 자유롭기에, 그는 여러 가지를 할 수 있습니다. 이런저런 요리도 할 수 있고, 이런저런 직업도 가지며, 친구도 사귈 수 있습니다. 이 경계 내에서 자유가 있습니다. 모두에게 좋게 작용하는 자유가 있습니다. 그러나 만약 누군가 '나는 나를 위해 자유를 원한다.'라고 말하면, 그는 인연으로부터 벗어납니다만 사랑에 있는 나는 맺어져 있으면서 자유롭습니다. 관계에 있는 자유와 관계를 부정하는 자유, 두 가지의 자유가 있습니다.

자주는 관계 밖에서의 자신을 강조하는 데 반해 선생님의 자유는 시스템에서의 인연을 강조하시는군요. 그러나 선생님의 자유도 경계 설정이 필요하지는 않습니까?

당연히 필요합니다. 그러나 우리는 다른 차원에 와 있습니다. 관계를 어떻게 형성하느냐입니다. 인연을 부정하지 않습니다.

| 열광에 따른 도취는 상궤를 벗어납니다 |

열광과 정신 차림에 관하여

무엇이 사회적 차원에서의 경계 설정을 힘들게 합니까? 지금 우리는 선생님이 말씀하신 장에 관하여 대화하고 있습니다. 선생님은 어떤 기준에 따라 사회적 운동을 평가하십니까?

저는 오직 그 효과를 관찰하며 그것이 영혼에 어떻게 다가오는가 제 안에서 봅니다. 열광하는 모두는 자만에 들떠 있습니다. 모두 말합니다. 모든 것이 지났다. 이제 우리는 처음부터 새로 시작한다. 이러한 운동의 추종자들은 모두 같은 영적인 상태를 갖습니다. 열광과 열중입니다.

피델 카스트로, 모택동, 스탈린, 히틀러 등은 모두 열광했단 말씀입니까?

아닙니다. 그들은 전략적이었습니다. 어떤 의미에서 잡혀 있었습니다만, 열광한 상태는 아니었습니다. 열광하는 사람들은 아무런 힘이 없습니다. 힘이 있는 다른 사람들은 어떤 것이 움직이게 합니다.

그들이 잡혀 있었다면, 선생님의 말씀에 따라 한쪽이 다른 쪽보다 더 좋다고 들리는데요.

거기에 작용하고 있는 것은 개인적인 것이 아닙니다. 그들은 어떤 힘에 의하여 움직여집니다. 이 큰 움직임은 자유롭지 않게 합니다. 나치운동은 전 독일 국민을 자유롭지 못하게 했습니다. 함께하지 않겠다고 거의 아무도 말하지 못했습니다. 거의 모두 열광했습니다. 아주 적은 예외를 제외하곤 모두 승리에 열광했습니다. 나치운동은 온전히 감지하지 못하게 했습니다.

 많은 지성인이나 교회도 같이했습니다. 이 큰 운동은 너무나 강렬했기에 거의 모두를 덮쳤습니다. 다른 곳에 확신을 가진 극소수만이 함께하지 않을 수 있었습니다. 그러나 그들은 아주 적었습니다.

선생님은 영혼의 상태와 더 큰 어떤 것에의 연결을 말씀하십니다. 덮쳐 있다는 것을 어떻게 압니까?

덮쳐 있으면 정신 차려 있지 않습니다. 거기에서 나와 정신 차려 다시 거리를 두는 것은 아주 많은 노력의 결과로 얻는 능력입니다.

그런 운동들은 상궤를 벗어난 어떤 것이라고 말씀하십니다. 병적이라고 들립니다.

어떤 것에 잡혀 있으면 상궤를 벗어납니다. 맑은 정신을 가지고도 어떤 생각이나 느낌에 잡혀 있으면 현실과 더 이상 관계를 갖지 못합니다. 병적이라기보다 인간적입니다. 거리를 두고 내가 생각하는 것은 무엇인가? 이 이상은 무엇인가? 현실적이어서 현실과 연결돼 있어 실현 가능성이 있는가?라고 묻는 것은 영적 건강을 위한 능력입니다. 평화운동은 상궤를 벗어났습니다. 평화를 데모로 이룰 수 있다는 생각은 생각뿐이었고 평화는 다른 데서 왔습니다.

축구 경기를 봅시다. 우리는 팬들 사이에 있습니다. 내면에서 편을 들지 않고 단지 구경만 한다면 무엇이 일어납니까? 우리 기분이 어떠하겠습니까? 그들은 우리를 이상하게 쳐다보다가 공격하기도 합니다. 팬들은 우리가 그들 중의 하나가 아니라는 것을 금방 압니다. 우리가 장 안에 있으면 자주적 행동은 갈등을 푸는 데 그렇게 많은 도움이 되지 않는다는 것을 보여 주는 아주 간단한 예입니다.

다시 망상으로 돌아갑니다. 어디에서 상궤를 벗어나게 됩니까?
열광입니다. 모든 열광은 망상적인 어떤 것을 가집니다.

유감입니다. 열광하면 아주 신나는데요.
가끔 신나야 합니다. 우리는 가끔 일상의 무미건조함에서 벗어나기도 해야 합니다. 축제나 신년 때에 그러합니다. 무미건조가 이상적인 상이 될 수 없습니다.

공동의 목적을 갖는 축제는 열광으로 많은 사람들을 연결합니다. 열광은 아주 강렬하게 동원하는 힘입니다. 군중이 모여 열광에 들뜬 환희나 우리란 느낌의 원초적 상태를 축하하면 망상이 숨어 있다고 선생님은 말씀하십니다.
숨어 있지 않고 바로 망상의 한가운데에 있습니다.

그럼 열광에 동원하는 힘은 무엇입니까? 힘이 있어 사람들을 움직이게 합니까?

당연히 그렇습니다. 또한 열광은 비개인적입니다. 제정신이 아니어서 다른 힘에 이끌려 어디로 이끌릴지 더 이상 감지할 수 없습니다. 그러기에 열광은 위험합니다. 열광하면 사람들은 아무것도 하지 않으면서 위대하다고 느껴 다른 사람들을 깔봅니다. 축구 경기에서 그러합니다. 팬들은 공을 만지지도 아니했으면서도 모두 승리합니다. 승리감에 도취합니다. 동일화입니다. 이 장에서 정신 없게 됩니다. 이걸 알아야 합니다. 우린 우리를 넘깁니다.

|선행을 행할 때 아무도 자신의 양심을 거론하지 않습니다|

'양심에 거리끼지 않음'의 유아적인
순진함에 관하여

선생님은 양심에 관해 연구를 아주 많이 하셨습니다. 통찰이 그 핵심입니다. 도덕과 죄는 양심과 관계가 깊기에 그 통찰은 아주 넓은 결과를 갖습니다. 양심의 기능에 관해 어떤 이유로 묻기 시작하셨습니까? 의뢰인들이 왜 그렇게 많은 죄책감을 갖는가 알려고 하셨습니까?

죄가 아주 다르게 경험되는 걸 저는 알았습니다. 죄에 관하여 많은 말을 하지만 그 내용은 완전히 다릅니다. 내가 어떤 사람에게 어떤 잘못을 한다면 나는 저주받을 느낌을 가질 수 있고, 양심에 거리낄 수도 있습니다. 죄를 경험하는 여러 가지 방법들이 있습니다. 제가 관찰한 가장 나쁜 죄 경험은 제외입니다. 가장 강렬한 무죄 경험은 귀속감입니다. 연결되어 귀속돼 있다는 것이 가장 깊은 동경입니다.

무엇이나 누구로부터 제외입니까? 가족으로부터 제외입니까? 아니면 일반적으로 그룹 귀속감으로부터 제외입니까?

양심은 언제나 그룹 양심입니다. 개인적인 양심이 아닙니다. 내가 어떻게 느껴야 하는지 그룹이 결정합니다. 여기에서 죄가 가장 깊게 그리고 위협적으로 경험됩니다. 양심은 언제나 결속과 유대감에 봉사합니다. 양심은 감지기관이어서 우리는 양심으로 우리가 귀속하는지 또는 귀속하지 않는지, 우리 행동이 가족이나 친구에로의 귀속감을 위태롭게 하는지 그렇지 않은지를 금방 감지합니다. 그게 시작이었습니다. 돌연히 분명해졌습니다.

    양심은 본능입니다. 평형감각과 같은 본능입니다. 양심은 감지기관이어서 무엇보다 생존에 중요한 그룹에로의 귀속에 봉사합니다. 가장 먼저 가족입니다.

살아남기 위해 부모를 필요로 하는 아이에겐 맞는 말씀이겠습니다만, 그룹을 떠난다 해도 아무도 우리를 죽이지 않습니다. 우리에겐 여러 가지의 양심이 있습니까? 아니면 고상한 의도를 말하기 위해 내가 양심을 내세우는 것은 아닙니까?

그룹이 여럿이기에 양심은 다릅니다. 어머니에게서 갖는 양심과 아버지에게서 갖는 양심은 다릅니다. 직장, 교회, 술집에서 등 우리가 어디에 속하느냐에 따라 양심이 다릅니다. 양심은 이 그룹에 속하기 위해 내가 즉시 무엇을 해야 하는지 압니다.

우리가 말하는 '도덕'은 그룹 구성원 사이를 묶어 주는 접착제란 말씀입니까?

도덕은 우리가 귀속될 수 있기 위해 우리가 무엇을 해야 하는가를 말해 줍니다. 가족과 다른 그룹을 구별해야 합니다. 부모 앞에서 다르게 행동해야 하는 것은 도덕과 관계가 없습니다. 단지 부모가 나를 좋아하기 위해 내가 어떻게 행동해야 하는가를 감지합니다. 도덕은 큰 그룹이 믿음이나 상상에 의지하여 그 믿음이나 상상에 따르지 않는 사람을 제외하는 데서 시작합니다.

그럼 다음과 같이 구별해도 되겠습니까? 도덕은 경계를 그어 줍니다. 나는 너와 같은 경계에 있다. 나는 너와 같은 입장에 서 있다. 그리고 아버지와 어머니 앞에서 다르게 행동하게 하는 것은 양심이다. 그리고 도덕은 내가 양심에 거리끼지 않게 하여 줍니까?

그럴 수도 있겠습니다. 부모가 자녀를 벌할 때 자녀를 보고 그렇게 하지 않습니다. 부모는 다음과 같이 말하면서 상위의 어떤 것을 바라봅니다. 부모는 자녀를 교육해야 한다. 아이가 인사를 잘하고, 사랑스럽고, 복종하며, 배워야 하기에 자녀의 의지를 꺾어야 한다. 이게 도덕입니다. 부모는 이렇게 자녀를 양심에 거리끼지 않고 벌합니다. 탈영병을 군대가 어떻게 대하는가 봅시다. 법을 내세워 감옥에 가두거나 사형시킵니다. 이걸 행하는 사람은 도덕적인 법과 공명을 느낍니다. 양심을 내세울 필요가 없습니다. 지배하는 도덕을 내세웁니다. 단지 양심을 통해 도덕을 느낍니다.

양심은 단지 감지기관입니다. 그 외에 다른 것이 아닙니다. 내가 다른 사람보다 더 우월하다고 할 때 도덕을 떠올립니다. 한 그룹이 다른 그룹 위에 자신을 놓습니다. 무엇보다 그 그룹에 의해 위협받음을 느낄 때 더 합니다. 양심이 우월감을 동원합니다. 또한 방어하기 위해 필요한 반감도 동원합니다. 도덕은 언제나 없애 버리려는 의지와 같이합니다. 전쟁뿐만 아니라 정치적인 투쟁을 봅시다. '우리가 더 좋은 정당이다.' 자주 없애 버리려는 의지와 같이합니다. 다른 사람에게 나와 같은 차원에 있을 권리를 거절합니다.

선생님이 '거리끼지 않는 좋은 양심'이라고 말씀하실 때, 무엇이 나를 사회적 존재로서 살아남게 하는가라는 의미에서 거리끼지 않고 좋다란 것입니까?

그렇습니다. 인간적으로 비난받을 수도 있습니다. 오직 단 하나 귀속되기 위해 무엇을 해야 하는가입니다.

그리하여 획기적이고 독창적인 것은 이제까지 개인적으로 여겨 왔던 죄책감을 선생님이 조직적으로 설명하신 것입니다. 그리고 양심이 거의 생물학적 기관이라고 하시면서 우리 문화에서 양심이 갖는 성스러움을 벗깁니다. 그렇게 양심의 내용을 완전히 없애기에 도발적입니다.

아무도 선행을 할 때 양심을 내세우지 않습니다. 그러나 '이제 나는 네게 너의 한계를 가르쳐야겠다, 벌을 줘야겠다, 너를 교화시키기 위해 가둬야겠다, 너를 죽이겠다.' 할 때 양심을 내세웁니다. 예를 끝없이 들 수 있겠습니다. 양심을 내세우면 인류가 해를 받습니다.

분명하지 않습니다. 일상의 예를 들겠습니다. 남에게 구타당하고 있는 사람을 돕는다고 합시다. 돌보지 않고 그냥 간다든지 하면 저는 양심에 거리낌을 갖기에 그렇게 합니다.

그냥 간다면 선생님이 속한 그룹에의 귀속감을 잃을 수도 있습니다. 다른 사람들을 보호하고 방어하는 것에 높은 가치를 두는 그룹에의 귀속감을 잃을 수도 있습니다.

구타당하는 사람을 돕는다면 누구한테 잘못하는 것입니까? 구타하는 사람에게 제가 잘못하는 것입니까? 전 이해하지 못하겠습니다.

양심에 거리끼지 않고 가해자를 공격한다면 가해자를 공격하는 것입니다.

악의를 가지지 않고 하는 것이 아닙니까?

가해자를 공격합니다. 가해자에게 악의를 가지기에, 가해자가 당하기를 원합니다. 도덕적인 가치평가에 따르면 가해자에게 악의를 갖는 것이 됩니다.

저는 단지 피해자를 보호하고 싶습니다.

그에 따르는 정서는 다음과 같습니다. 가해자에게 반대하면서 피해자 편에 섭니다. 가해자가 당하기를 원합니다.

아닙니다, 꼭 그런 건 아닙니다. 가해자에게 말합니다. '피해자를 공격하지 말라고' 가해자를 공격하는 게 아니라 피해자를 단지 보호하는 것입니다.

그런 경우 양심에 따라 결정을 내리지 않았습니다. 같은 인간으로서 충동에 따른 행동입니다. 만약 아이가 물에 빠지면 아이를 건집니다. 양심과 상관되는 문제가 아닙니다. 그냥 돕는 것은 보통 인간적인 충동입니다. 사람은 곤궁에 빠진 인간을 돕습니다.

그런 것이 보통 인간적인 것이 아니기에 더 질문합니다. 외국인이 스킨헤드Skinhead에게 추격당하고 구타당하는데 온 마을 사람들이 보고만 있습니다. 그러자 이처럼 말하는 사람들이 있습니다. '그걸 보고 아무 말 하지 않고 눈 감은 사람들은 양심이 없는가?' 그럼 선생님은 말씀하십니다. 보고도 못 본 체한 사람들은 다른 도덕을 갖는다. 즉 외국인들을 편안히 구타해도 된다.

맞습니다. 그들은 양심에 거리끼지 않고 외국인에게 우월감을 갖습니다.

   돕는 문제를 다시 한번 봅시다. 만약 내 양심으로부터 행동해야 한다면, 나는 숙고한 것입니다. 충동에 따른 행동이 아닙니다. 그러나 만약 내가 행동하기 위해 양심을 거론한다면 ―이제까지의 제 경험입니다― 나는 다른 사람을 제한하기 위해 다른 사람에게 해를 줍니다.

그럼 유대인들을 숨겨 준 사람들은 어떻습니까?

맞는 반론입니다. 도움을 필요로 하는 사람들을 보고 직접 돕는 것이라 믿습니다. 그들은 양심에 갈등을 일으키지 않았을 것입니다. 인간적인 충동으로 직접 도왔을 것입니다. 먼저 양심을 거론하는 것과 다른 내면의 과정입니다.

   다시 말하자면 양심은 아주 좁은 범위에서 적용됩니다. 가족에서는 아주 의미가 큽니다. 일반화시켜 전인류에게로 넓힌다면 우월감이 시작합니다. 그럼 더 나아가 신을 이용합니다. 즉 우리의 도덕에 따라 신이 도덕적이라고 신을 이용합니다. 그럼 모든 것이 엉터리가 됩니다.

|알면서 그리고 고통을 같이하는 함께함|
피할 수 없는 죄에 관하여

평형감각으로서 양심은 작은 그룹에서는 유익하지만, 큰 그룹에서는 제외하기에 파괴적이란 말씀입니까?

저는 양심을 두 분야로 나눕니다. 우리가 이미 다른 귀속과 인연 그리고 조정입니다. 주고받음의 균형을 잡아 주는 조정입니다. 조정에의 욕구도 우리가 양심으로 경험하는 기관에 의해 이끌립니다. 서로 다른 두 개의 분야이기에 혼동하면 안 됩니다.

더 기본적인 것은 인연의 양심이란 말씀입니까?

그렇습니다. 거기에서 가장 깊이 죄책감을 경험합니다.

선생님 자신도 아주 많이 '좋은'과 '나쁜'이란 말을 사용하시는데, 선생님께 '좋은 양심'은 무엇입니까?

선행을 하려면 자주 양심 너머에서 행동해야 합니다. 양심을 거론하면 아이가 말합니다. 그러나 무엇이 일어나는 것을 본다면서 곁으로 같이하다가 어떤 것을 정리하려고 개입한다면, 양심과 관계

없이 전술적으로 행동합니다. 오직 가능과 불가능의 기준에 따라 행동합니다. 예를 들면 비밀경찰로서 일할 수 있습니다. 많은 레지스탕스들은 비밀경찰이었습니다. 그들은 전술적으로 같이 일하다가 알맞은 기회를 기다렸습니다. 그들은 어느 정도 그들의 양심에 종속되지 않았다고 말할 수 있습니다. 양심에 의해 자신에게 해를 입히지 않았습니다. 다음 단계로 어른들이기에 모든 것을 볼 수 있습니다. 감옥에 갇혀 아이로 있으면서 착하게 느끼기보다 전술적으로 행동합니다.

양심의 귀속감으로부터 탈피할 수 있단 말씀입니까?

그렇습니다. 아데나우어(독일 전 수상)를 생각해 보십시오. 그는 오직 기다렸습니다. 그런데 총살부대로 떨어진 한 독일 군인은 게릴라에게 넘어갔습니다. 현명한 행동이 아닙니다.

현명하지 않다고 말씀하십니까? 저 같으면, 다른 사람들을 총살하는 것이 양심에 맞지 않았기에 자신을 희생했다고 말하겠습니다.

게릴라 편에 넘어감으로 그는 죄책감을 느끼지 않습니다. 또한 위대하게 느낍니다. 죄책감을 느끼지 않음으로 인간은 위대하다고 느낍니다. 더 잘났다고도 느낍니다. 그러나 게릴라는 그를 자기 편으로 받아들이지 않았습니다. 이게 비극적입니다.

그는 공중에 대고 총을 쏠 수도 있었습니다.

다른 사람들을 죽여 죄를 짓기보다 자신을 희생한 그를 저는 존중하게 됩니다. '그는 공중에 대고 총을 쏠 수도 있었다.'란 선생님의 말씀이 우선 저를 화나게 합니다.

저는 다음과 같이 말하고 싶습니다. 그 사람은 하나의 상상에 연결돼 있었습니다. 당연히 존경할 만합니다. 그러나 다른 편이 자신을 받아 줄 거라 생각하고 자신의 그룹을 떠났습니다. 그렇게 되지 않습니다. 그는 다른 그룹과 아무런 관계가 없었습니다. 결국 혼자 두 전선의 한가운데 섰습니다. 비극입니다. 전쟁 중에 있는 군인은 총을 쏘아야 합니다. 그냥 서서 아무것도 안 할 수 없습니다. 군인은 자신의 그룹의 죄와 무죄에 연결돼 있습니다. 자신이 이렇게 연결돼 있다는 것을 인정함으로 좁은 양심을 넘어 한발 나아갑니다. 동의가 이걸 가능하게 합니다. 그는 피할 수 없는 것을 두 눈으로 봅니다. 그를 겸손하게 만듭니다. 그리고 그는 모든 도덕적인 우월감을 넘어 존엄을 얻습니다.

모순으로 들립니다. 귀속감을 온전히 받아들여야 거기에서 나올 수도 있거나 한발 옆으로 피할 수 있다고요? 열광으로 같이함과 죄를 피할 수 없다는 통찰로 같이함은 다르단 말씀입니까?

그렇습니다. 그럼 죄에 동의합니다.

하나는 눈을 감고 하는 함께함이고, 다른 하나는…

…알면서 그리고 고통을 같이하는 함께함입니다. 겸손하게 만듭니다.

자기편과 함께하지 않고 다른 편으로 갔는데, 거기에서 받아 주지 않아 아무 편에도 귀속하지 않은 게 비극이란 말씀입니까?

그렇습니다. 그는 아이로 있습니다. 어른은 죄가 불가피하다는 것을 알기에 죄에 동의합니다. 어떻게 하든 죄를 피할 수 없다는 것을 알기에 주어진 상황에서 가능하고 가장 좋은 것을 합니다.

그렇다면, 우리 모두가 아이가 아닙니까? '그는 아이다.'라고 확인하는 게 무슨 도움이 됩니까? '아하, 저 사람은 아직 어른이 되지 않았구나.'라고 말하는 것은 그를 얕잡아 보는 것 같습니다. 그래서 화가 납니다.

가치평가가 아니라 어떤 사람이 자신의 경계를 넘지 못했다는 확인입니다. 그는 아이이고 아이로서 갇혀 있어 어떤 것도 생기게 하지 못합니다. 그는 좋은 느낌을 가질 수는 있지만, 어떤 것도 움직이게 하지 못합니다.

선생님이, 그들은 어떤 것도 움직이게 하지 못한다라고 말씀하실 때 선생님껜 무엇이 문제입니까? 인간은 자신의 행동으로 어떤 것을 생기게 해야 합니까?

아닙니다. 저는 다음의 것을 말씀드리고 싶습니다. 어떤 것이 생기게 하려는 사람은 죄가 불가피하다는 것을 알아야 합니다. 정치가는 언제나 죄 없이 있을 수 없습니다. 그들은 언제나 죄를 짊어집니다. 죄 없인 되지 않습니다. 큰 차원에서는 죄가 불가피합니다. 거기에 동의하고, 주어진 상황 내에서 무엇이 가장 좋은 것인가라고 비교하며 고려하는 사람은 좋게 행동합니다. 그러나 편한 양심은 아닙니다. 그는 어느 것이나 나쁘다는 것을 압니다. 그러나 비교하며 고려합니다. 그가 무엇을 하든 그는 죄를 짓습니다.

독일 경영자 총회장인 한스-마틴 쉴라이어가 테러리스트들에게 처형된 후 독일 수상인 헬무트 쉬밋트가 연방의회에서 한 연설이 기억납니다. 그는 선생님과 비슷한 말씀을 했습니다. 그는 테러리스트들의 요구를 들어줄 건가 그렇게 하지 않을 건가의 기로에 서 있었습니다. 쉴라이어를 희생하리라는 것을 그는 알았습니다. 또한 자신이 어떻게 결정하든 자신이 죄를 짓는다는 것도 알았습니다. 다른 인터뷰에서 한스-마틴 쉴라이어가 아직도 자신을 바라보고 있다고 그는 말했습니다. 그 결정은 그에게 붙어 있습니다. 결정은 언제나 죄를 짓게 되는 위험과 함께한단 말입니까?

결정의 순간엔 어떻게 될지 아무도 모릅니다. 좋은 어떤 것으로 이끌 거라고 생각하고 결정했는데 나중에 나쁜 것이 생겼다고 확인할 수 있고 또 그 반대일 수도 있습니다. 좋은 일에 종사한다고 생각하는 많은 사람들은 어느 땐가 깨어나 무엇이 발생했는가 알게 됩니다. 우리 행동이 어떤 결과를 가져올지 우리는 전혀 확신할 수 없습니다. 어느 게 인간적인 자세입니까? 그런 대로 동의합니다. 나는 '옳게' 결정할 수 없습니다. 어떤 결과가 생길지 사전에 알 수 없습니다. 그러나 그 결과는 제가 책임집니다.

개인의 책임인 내 행동의 결과를 다른 사람에게 넘길 수 없다는 것이겠습니다. 우리 결정이 어떤 결과를 가져올지 모른다고 선생님은 말씀하십니다. 그런데 '양심으로부터 나와 죄를 짊어질 준비를 하면 나는 어른이고 좋게 행동한다.'라고 하셨는데 그건 무슨 말씀입니까?

그렇게 연결해서는 안 됩니다. 인간이 자신의 한계를 존중하는 게 제 관심입니다. 제겐 그게 '좋은'입니다.

|개체화의 종점에 와 있습니다|
원초적 양심과 장에 관하여

선생님은 언제나 장에 관하여 말씀하시는데, 장은 양심과 무슨 관계가 있습니까?

우리는 도덕적 양심을 가집니다. 우리가 귀속하기 위해 무엇을 해야 하는지 이 양심은 결정합니다. 이게 아주 많이 의식되지는 않지만 아무튼 우리는 압니다. 이걸 우리는 양심에 '거리끼게' 또는 '거리끼지 않게' 느낍니다. 죄책감과 죄 없는 느낌입니다. 저는 또한 다른 양심이 있는 걸 관찰했습니다. '원초적 양심'입니다. 죄책감이나 죄 없는 느낌으로 느껴지지 않습니다. 도덕적 양심보다 훨씬 오래됐습니다. 그러기에 원초적입니다.

선생님이 말씀하신 인연이나 질서와 관계있습니까?

그럴 것입니다. 가족에 나타난 질서가 어떻게 형성되었는가에 대해 자주 질문을 받았습니다. 후대의 누군가가 선대에 제외된 자를 대신하여, 자신의 것이 아닌 그의 느낌을 갖고 죽음으로까지 이끌리는 것이 어떻게 가능하겠습니까?

저는 이걸 잊지 않고 항상 염두에 두었습니다. 그리고 선사시대의 집단에서 사람 사이는 어떠했을까 상상해 보았습니다. 선사시대에서는 제외가 없었습니다. 모두는 귀속했습니다. 살아남기 위해 함께 있어야 하는 그룹에서는 누구도 제외될 수 없습니다. 오늘날에도 마사이족에서는 제외가 없습니다.

선사시대의 집단이 살아남아 지금의 인류로 진화하기 위해 인류는 수십만 년을 필요했다고 읽은 적이 있습니다. 인간은 동물들과 달리 본능을 통해 배울 수 없었습니다. 인간은 동물보다 힘이 약하고 감각도 덜 발달했기에 구조를 통해서만 배웠습니다. 공동행동은 생존하기 위해 없어서는 안 되는 본능과 같은 본질이었습니다. 이 '본능'이 선생님이 말씀하시는 원초적 양심입니까?

원초적 양심은 어떤 제외도 허락하지 않습니다. 이 구조적 법칙은 지금까지도 영혼에 작용합니다. 이걸 우리는 가족세우기에서 봅니다. 시스템에서 누군가 제외된다면 다른 '기관'의 압력으로 후대의 다른 누군가가 대신합니다. 누군가는 제외될 수 없습니다. 원초적 양심은 이렇게 작용합니다. 어떤 배제나 제명을 허락하지 않습니다.

원초적 양심은 '장'과 무슨 관계가 있습니까?

장으로부터 아무도 떨어져 나올 수 없습니다. 장의 상은 원초적 양심과 긴밀하게 연결돼 있습니다. 제외된 자는 장 내에 있기에, 이 장에 귀속되는 사람들 모두와 계속해서 공명에 있습니다. 자신을 주목하게 합니다.

도덕적 양심은 원초적 양심보다 나중에 발달했기에 '양심에 거리끼지 않고' 제한하고 제외합니다. 이 두 양심은 어떻게 작용합니까?

서로 대립하여 작용합니다. 도덕은 어떤 것을 없앨 수 있다고 상상합니다. 문제나 질병 또는 사람입니다. 그러나 장 내에서는 아무것도 없어지지 않습니다. 도덕에 따라 어떤 사람을 제외해야 합니다. 그러나 제외된 자는 원초적 양심에 의해 장 내에 머뭅니다. 그리고 다른 사람에 의해 나타납니다. 그러기에 가족세우기에서 다른 구성원이 제외된 자와 같이 느끼고 더 나아가 그의 운명을 반복하는 것을 우리는 볼 수 있습니다. 이게 가족세우기에서 나타나는 '얽힘'입니다. 얽힘은 장의 힘과 도덕의 무능함을 보입니다.

평형감각인 도덕적 양심은 제외하지만, 이 양심은 제외를 금지하는 장 즉, 원초적 양심이 있다는 것을 모른다고 말할 수 있겠습니까?

그렇습니다. 원초적 양심은 다른 법칙을 따르고 있습니다. 선사집단에서는 나이에 따라 서열이 정해지고 나이에 따라 오릅니다. 이 질서가 생존을 위해 없어서는 안 됩니다. 어떤 사람이 이걸 지키지 않는다면 그는 모두의 생존을 위협합니다. 서양 비극에서 우리는 후대의 누군가가 '양심에 거리끼지' 않고 이 원초적 서열 질서를 어기고 죽는 것을 봅니다. 그리스 비극, 셰익스피어의 비극 그리고 가족에서 그러합니다. 이 서열 질서를 어기면 실패하고, 질병에 걸리고 죽기도 합니다.

모세의 율법과 같이 어겨서는 안 되는 법칙으로 들립니다.

그걸 보아야 합니다.

'도덕'은 한때 진보였습니다. 그걸 우리는 아버지를 죽인 어머니와 그 간부에게 복수한 오레스트를 위해 장사 지내려는 여동생 오레스티에게서 볼 수 있습니다. 그렇다면 비극은 도덕적 양심과 원초적 양심 사이의 경계를 나타냅니까?

비극에서 우리는 또 다른 것을 봅니다. 서열 질서를 어기는 사람은 그룹에 대항하여 개체화합니다. 이 개체화는 진보를 위해 아주 중요합니다. 그리고 우리가 죄책감과 죄 없음으로 느끼는 도덕적 양심은 개체화를 위해 필요합니다. 갈등은 개체화에 의해 내재된 것입니다. 비싼 대가와 많은 이득이 양립합니다. 질문은 원초적 양심과 도덕적 양심 사이에 조정이 가능한가입니다. 가족세우기는 여기에 주목합니다.

   조금 전 우리는 자유 즉 자율에 관해 대화했습니다. '나는 자유고, 맺어진 데가 없다.' 이 관점은 가족세우기 경험에 의해 약화되었습니다. 조정으로 나타납니다. 내가 맺어져 있다는 것을 보고 동의하는 데 있습니다. 동의는 개체화의 종점을 의미합니다. 그럼 두 양심은 더 이상 대립하지 않습니다. 이는 상상할 수 없는 의식의 확장을 가져옵니다. 수백 년 동안 두 양심의 투쟁은 피와 눈물을 흘렸습니다. 우리가 이러한 상호작용을 보고 존중한다면 대가가 필요 없는 이익만 있습니다.

우리가 가족세우기에서의 원초적 양심과 관계를 가져야 한단 말씀입니까? 자유를 떠나 종족 질서에로의 퇴보로 들립니다.

정반대입니다. 가족세우기의 효과로써 우리는 도덕적 양심이 맹목적으로 얽혀 있다는 것을 봅니다. 원초적 양심에로의 '퇴보'는 하나의 인식입니다. 억압된 어떤 것이 다시 의식됩니다. 누구도 제외할 수 없다는 것입니다. 이 의식 후에 더 많은 평화와 맺어져 있기에 아무도 자유롭지 않다는 인식이 가능합니다.

| 저는 독일인입니다만 독일인이라고 자랑스럽진 않습니다 |
화해와 애국심에 관하여

다시 '장'에 관한 말씀을 듣고 싶습니다. 우리는 이 '장'들을 떠날 수 있습니까?

루퍼트 셀드레이크는 영적인 또는 형태장들이 언제나 같은 것을 반복한다고 관찰했습니다. 그러한 장 내에서는 어떤 새로운 감지도 불가능합니다. 가족세우기에서 얽힘은 보여지고 풀립니다. 그리하여 장의 어떤 것이 변화합니다. 가족이나 개인이 변화합니다. 그렇다고 개인은 장을 떠나지 않습니다.

저는 이해하지 못하겠습니다. 아주 극소수를 빼고 모든 독일인들은 나치의 '장'에, 그리고 소련 사람들은 스탈린주의의 '장'에 있었다고 선생님은 말씀하십니다. 독일에서는 종전 후 모든 독일인이 책임져야 한다는 공동죄책감이라는 명제를 가지고 토론했습니다. 선생님이 말씀하신 '장'에 의하면 영혼에서는 이 공동죄책감이 그때 산 사람들을 넘어 끼친단 말씀입니까?

그렇습니다. 분명히 그렇습니다. 공동죄책감 토론에서는 개인을 재판에 회부할 수 있는가였습니다. 당연히 되지 않습니다. 의미가 없습니다. 그러나 "너희들이 그랬지, 나는 아니었다." 하면서 가해자들과 절연하지 않고, 모두 가슴을 치면서 "나도 함께했습니다." 하는 데에는 의미가 있습니다.

어떤 영적인 태도를 가져야 합니까?

그들 곁에 서서 말합니다. "저도 함께했다는 것을 깨닫습니다." 그리고 가해자들만 보는 게 아니라 모두가 자행한 것을 봅니다. 죽은 유대인뿐만 아니라 집시도 그리고 여러 나라에서 발생한 것과 전사한 군인, 우리의 희생자 즉 무차별 폭격에 희생된 자들을 단지 비난 없이 봅니다. 모두를 연결시키는 깊은 슬픔에 자신을 맡깁니다. 이게 풀리게 하며, 평온하게 합니다. 그럼 과거는 지날 수 있습니다.

  독일인들이 자신들을 스스로 독일인이라고 나타내지 않는다고 다른 나라 사람들은 놀라워합니다. 함께했다고 하지 않기에 당연히 그렇게 합니다. 만약 함께했다고 말한다면, "나는 독일 사람입니다."라고 말할 수 있을 겁니다. 자랑스럽게 말하지 않고 단지 "나는 독일 사람입니다."라고 말합니다. 아주 다른 차원입니다. 애국심에 관한 토론은 완전히 헛수고입니다. 우리가 함께 전체에 서지 않는 한, 우리는 함께 다른 나라 사람들을 바로 볼 수 없으며 다른 나라 사람들도 우리를 바로 볼 수 없습니다. 이 깊은 차원에서 화해는 시작합니다.

만약 제가 "좋습니다. 나도 독일 사람입니다. 나도 독일 사람에 속하기에 그 죄를 제가 집니다."라고 말한다면, 이상합니다. 저는 부끄러워하지 않습니다. 직접 함께한 사람들의 죄감각과 제 아들들과 같이 '장'의 한 부분이지만 전혀 함께하지 않은 죄감각은 어떤 차이가 있습니까?

'죄'란 말은 여기에 맞지 않습니다. 죄는 내 책임이다란 말입니다. 누구의 책임도 아닙니다. 전체는 더 큰 힘에 의하여 움직여졌습니다. 그러기에 "나는 움직임의 부분입니다."라고 말해야 합니다. 거기로부터 도망가지 않습니다. "거기에 귀속되기에 그 결과에 함께합니다."라고 하면 됩니다. 그러나 책임으로 하는 게 아닙니다. 책임과 관계가 없습니다. 부끄러워할 필요가 없습니다. 아주 깊이 연결해 주는 깊은 인간적인 과정입니다. 나를 다른 사람들을 향해 열게 하기에 다른 사람들이 나를 저항 없이 만나게 해 주는 깊은 과정입니다.

"나는 귀속되지 않는다. ―내 아버님은 공산당이었다."라고 말하면서 스스로를 제외시키는 사람들이 있는 한 '장'은 평온에 오지 않는단 말씀입니까? 또는 "나는 그때 살지 않았으며, 오늘날 나는 반파시스트자이며…"

"…귀속되지 않기에 나는 너보다 잘났다."라고 하면서 다른 사람들을 '장'으로 밀어 넣으면서 손가락질합니다. 그러나 스스로는 '장'에 발을 들여놓지 않습니다. 위선입니다. 결과를 보면 압니다. 같은 것이 끝없이 계속됩니다. 언제나 같은 언어입니다. 끝없습니다.

선생님이 말씀하신 '평화'운동이 영혼에서 일어난다면, '장'은 변합니까? 또는 '장'은 해소됩니까?

변할 것입니다. 그러나 적대적 힘은 아주 강렬합니다. 저는 아무런 환상을 갖지 않습니다. 그렇지만 몇 사람이라도 제가 말씀드린 방법으로 스스로에게서 그리고 과거와 평화를 찾는다면, 아름다운 어떤 것이 벌써 일어났습니다. 제겐 아주 충분합니다. 역사적 관점에서 작은 예를 들어 봅시다. 1차 대전 때 군인들이 열광적으로 참전한 것을 생각한다면, 그것도 하나의 '장'이었습니다. 지금은 그게 가능하지 않습니다. 변했습니다. 그리고 모두에게 좋게 작용합니다.

|살아 있는 사람들의 양심에 대고 말하기보다
사랑으로 죽은 자들을 바라봅니다|
기억과 억압에 관하여

미래를 얻기 위해 과거를 되돌아보는 것이 역사를 의식을 가지고 다루는 한 방법입니다. 생각의 근원은, '그랬기에 현재의 우리가 되었다. 현재의 우리가 된 것을 과거로부터 배운다.'입니다. 배제하는 대신에 감지를 인식하게 한 것이 심리분석의 성과입니다. 모든 민족은 집단 기억을 가지고 있고 또한 집단 기억을 필요로 합니다. 이제 선생님은 말씀하십니다. 좋지 않은 것은 끝나는 것이 좋다. 언제 기억이 좋지 않게 됩니까? 어찌하여 회고가 선생님껜 미래를 볼 수 있는 방법이 아닙니까?

심리분석은 배제된 것이 제한적으로 작용하게 합니다. 무의식된 것을 의식으로 가져옵니다. 그리하여 나는 무의식된 것을 다룰 수 있습니다. 내게 용해시킬 수 있기에 무의식 된 것은 끝납니다. 내가 기억하기에 끝납니다. 치유적입니다. 많은 심리치료에선 배제되고 극적인 사건들을 종결시키기 위해 드러나게 합니다. 이 사건들은 외상과 같이 얼어붙은 움직임입니다. 외상의 경우 그 움직임을 다시 한번 끄집어내 그 움직임이 다하여 끝날 수 있게 합니다. 끝날 수 있게 하기 위해 기억합니다.

그런 기억은 동의하십니까? 독일 사람들이 기억하는 어떤 점이 선생님 맘에 안 드십니까?

기억하면 쉽게 과거에 집착합니다. 그리하여 미래를 잃습니다. 전쟁 중의 참혹한 사건들이나 드레스덴이나 히로시마의 무차별 폭격의 경우를 봅시다. 사람들은 참혹하게 생명을 잃었습니다. 어떻게 그들을 기억할 수 있습니까? 내 영혼에 그들을 품을 수 있습니다. 그럼 그들과 나는 평화로울 수 있어 과거가 지나게 둘 수 있습니다.

그들과 나는 절연돼 있지 않기 때문입니다. 그들을 내 안에 가져, 내 미래로 데려가기에 그들은 미래에로 작용합니다. 과거가 끝날 수 있게 하는 치유를 가져오는 기억입니다.

죽은 자들이 영혼에 자리하기에 그들은 사건으로 가지 않고 함께 미래로 간단 말씀입니까?

맞습니다. 그리고 끝없는 비난과 같은 기억이 있습니다. "너희들이 어떤 참혹한 짓을 했는가, 나쁜 짓을 했는가, 너희들은 기억해야 한다." 베르사이유 조약 후 독일을 봅시다. 그들은 부르짖었습니다. "조약은 옳지 않다. 우린 그것을 잊지 않고 기억해야 한다." 이 '기억'이 2차 대전을 일으켰습니다. 참혹한 기억들은 갈등을 재현하거나 정당화하기 위해 이용됩니다. 이런 종류의 기억에는 언제나 더 좋은 사람들과 더 나쁜 사람들이 있습니다.
  여기에서는 다른 사람들을 더 나쁘게, 더 악하게 만들기 위해 기억됩니다. 그리하여 다음 갈등은 벌써 준비됩니다. 이런 기억을 주창하는 사람들은 죽은 자들을 사랑으로 바라보지 않습니다.

선생님은 영혼의 과정에 관해 말씀하시지만, 기억을 의무화시키는 사람들은 정치를 말합니다.

좋은 정치나 나쁜 정치는 영혼에서 시작합니다.

기억되는 게 문제가 아니라, 죽은 자들이나 살해당한 사람들이 어떻게 회상되느냐가 문제란 말씀입니까? 배제하기 위해 과거를 지나게 두는 것은 잊는 것이 아니란 말씀입니까?

그렇습니다. 과거를 배제하지 않고 잊을 수 있는 사람은 과거를 담보로 미래에 어떤 요구도 하지 않습니다. 무엇보다 다른 사람들에게 요구하지 않습니다.

|과거는 가슴과 영혼에서 끝나야 합니다|
보상, 복수 그리고 분개에 관하여

그러나 선생님은 가족관계에 있어선 언제나 주고받음의 조절이 시스템의 본질적 조절 욕구라고 말씀하십니다.

보상과 조절에의 요구는 우리 개인적인 관계에선 불가피하고 정당합니다. 그렇지 않으면 관계는 깨집니다. 그러나 이 요구는 민족 간의 관계로 전이되지 않습니다. 당한 불의에 대한 조절에의 요구는 많은 전쟁을 일으키게 하는 힘입니다.

우리가 죽은 사람들을 위해 기념비를 세운다면 죽은 사람들은 어떠하겠습니까? 아르헨티나에서 실종된 아들들의 어머니들을 위해 가족세우기를 한 적이 있습니다. 죽은 아들의 한 대역이 말했습니다. "내 이름이 광장에 쓰여 있는 것이 제게 가장 나쁩니다. 내 이름이 거론되는 한 제겐 평화가 없습니다." 어떤 요구를 위해 자신이 이용되는 것을 그는 느낍니다. 많은 기억은 죽은 사람들을 -심하게 말하자면 전쟁을 정당화하기 위해- 이용하기 위해 기억에서 그들을 데려옵니다. 코소보 분쟁은 이걸 아주 잘 보여 줍니다.

600년도 넘은 1389년 6월 28일에 이슬람인 오스만 제국의 터키인과 기독교도인 세르비아 사이에 전쟁이 있었습니다. 세르비아는 한 술탄을, 그리고 터키인은 세르비아 왕자인 라자르를 죽였습니다. 그러자 기독교도인 세르비아는 죽은 왕자를 성인으로 추앙했습니다. 거기에 터키인은 분개했습니다. 500여 년이 지난 1914년 6월 28일 오스만 제국의 황태자가 사라예보에 오자 세르비아는 그를 암살했습니다. 1차 대전의 시작입니다.

그리고 1989년 또 같은 날 6월 28일에 밀로셰비치는 라자르의 유골을 코소보에 있는 한 기념관에 이장했습니다. 기념비에 새겨진 다음의 글-"1389년 6월~1989년 6월. 기독교도인 우리 세르비아는 모슬렘에 의해 지배를 받지 않겠다."-이 살육의 시작입니다. 코소보 전쟁의 시작입니다.

수백 년에 걸쳐 전해진 기억으로 인한 조절에의 욕구는 사회적으로 주도를 잡게 하여 복수감을 불러일으킵니다.

그렇습니다. 이런 종류의 기억은 비극적인 결과를 갖습니다. 우리는 비슷한 것을 남아메리카나 캐나다의 인디언들에게서 봅니다. 참혹한 것을 기억할 때마다 죽은 자들은 우리를 현재로부터 과거로 잡아끕니다. 아주 좋지 않은 결과를 가져옵니다. 과거는 각 개인의 영혼에서 끝나도록 해야 합니다. 그럼 각자는 다른 미래로 향합니다…. 그리고 아무것도 반복해서는 안 됩니다. 분노를 잊지 않게 하여 분노를 조장하고 다시 동원하는 기억이 있습니다. 나치는 베르사이유 조약을 그렇게 이용했습니다.

그러한 기억은 오직 조절에의 욕구와 감정을 드러나게 합니다. 반복하여 계속해서 값을 치르게 합니다. 아주 나쁩니다. 카스타네

다에 '사람은 자신의 과거를 잊어야 한다'는 문장이 있습니다. 이 문장은 믿을 수 없는 결과를 갖습니다. 한 민족이 그때 죽은 자들을 동감으로 영혼에 받아들여 그 참혹한 것을 어떻게든 잊는다면, 과거를 기억할 필요가 없습니다. 그리하여 죽은 자들은 어느 정도 함께 미래로 갑니다.

나쁜 것이 반복되지 않게 하기 위해 우리는 기억해야 한다고 많은 사람들은 말합니다. 망각이 나쁜 것을 가능하게 할 거라는 두려움이 있습니다.

전쟁의 한 원인이 되기도 하는 역사 기술記述은 분노를 잊지 않게 하고 조장합니까?

참혹한 것에 분노하는 사람은 악에 반대하여 선한 편에 서는 것처럼 보입니다. 더 나쁜 것이 생기지 않게 하기 위해 가해자와 피해자 사이에 자신을 세웁니다.

그게 뭐가 나쁩니까?

분개하는 사람은 자신이 피해자가 아니면서 피해자처럼 행동합니다. 자신은 불의를 당하지 않았으면서 가해자에게 보상을 요구하는 권리를 가져갑니다.

피해자들이 능력이 없기에 변호를 자청합니다. 왜 칭찬할 만한 일이 아닙니까?

죽은 자들이 그 권리를 부여했습니까?

분개하는 사람들은 무엇을 합니까?

가해자들을 증오할 권리를 가져갑니다. 이렇게 갈등은 계속합니다. 분개하는 자들은 가해자들이 굴욕감을 갖고 전멸될 때까지 만족해하지 않습니다. 피해자들의 고통이 더 증가해도 그렇게 합니다.

| 분개는 어떤 동정도 모릅니다 |

평화와 거리끼지 않는 양심에 관하여

분개는 아주 도덕적인 많은 정치적인 움직임을 가능하게 하는 한 동기입니다. 그런데 선생님은 조정 대신 사랑을 말하십니다. 그건 영혼의 움직임입니다. 도덕의 어떤 점에 선생님은 반대하십니까?

도덕에서는 거의 언제나 요구를 관철하려고 합니다. 분개하는 사람은 집행자처럼 느끼고 그렇게 행동합니다. 그러기에 그는 사랑에 있는 사람에 비해 동정뿐만 아니라 적당한 한도도 모릅니다.

또 다른 것이 더해집니다. 저주하는 사람은 상대의 에너지를 가져옵니다. 어떤 경우에도 부모처럼 되지 않으려는 자녀와 같이 모든 종류의 가해자를 없애려고 싸우는 사람도 가해자와 같이 됩니다.

가족세우기가 전세계적인 관심을 끌자, 선생님은 여러 나라에서 정치적인 세우기를 하셨습니다. 어떤 경험을 하셨으며 무엇을 보셨습니까?

정치적인 세우기에서 얻은 가장 중요한 통찰은 가해자와 피해자가 서로 이끌린다는 것입니다. 그래야만 평화가 가능했습니다.

이스라엘에서 세 번에 걸쳐 세미나를 가졌습니다. 가해자들과 피해자들을 서로 마주 보게 세웠습니다. 그들이 서로 가까이 가야 하는 것을 볼 수 있었습니다. 그들은 다르게 할 수 없었습니다. 아버지가 아랍 사람에게 암살됐다는 한 여자의 말을 듣고 아버지 대역과 암살자 대역을 서로 마주 보게 세웠습니다. 암살자는 두려워했습니다. 그러자 아버지가 두 손을 내밀었습니다. 둘은 서로 가까이 가 껴안았습니다. 그런 후 아버지는 죽은 자처럼 바닥에 쓰러져 눕고 살인자도 그 곁에 누웠습니다. 둘은 죽음에서 화해했습니다.

이러한 세우기에서 가장 중요한 경험은 죽은 자들은 가해자나 피해자 관계없이 서로 만나려고 하고 만날 수 있었는데, 그 후손들은 죽은 자들의 일을 자신들의 것으로 하여 전체 드라마를 또다시 반복하려고 합니다. 그리하여 그들은 화해를 방해합니다.

같은 것을 터키에서 터키와 아르메니아 갈등에서 보았습니다. 일본에서도 보았습니다. 영혼으로 하여금 움직이게 여유를 주면 저 깊이 영혼에서 화해를 원한다는 것을 우리는 느끼고 봅니다. 영혼은 이제까지 절연된 것을 서로 연결하려고 합니다.

무엇이 반대합니까?

무엇보다 거리끼지 않다는 양심입니다. 모든 큰 싸움들은 거리끼지 않다는 양심에서 그 힘을 얻습니다. 모든 참혹한 행동들을 자행한 사람들은 거리끼지 않는 양심으로 죄 없다고 느낍니다. 거리끼지 않다는 양심이 다른 사람들을 공격하고 더 나아가 그들을 없애도 된다는 권리를 부여한다고 생각합니다. 다른 사람들을 향한 공격이나 침략은 자신들이 선하다는 양심에서 양분을 보충합니다. 각

진영은 서로 다른 선한 양심을 갖습니다.

바스크인과 스페인 사람들 사이의 투쟁에 관한 세우기에서도 마찬가지로 같은 움직임이 흘렀습니다. 한 바스크 사람을 세웠습니다. 그는 화해를 위해 완전히 열려 있었습니다. 그러자 다음 날 그는 자신을 죽일 수도 있다는 경고를 담은 쪽지를 모르는 사람으로부터 건네받았습니다. 그가 사랑했었고 분리를 넘어서려고 했기 때문이었습니다.

|과거가 지나 끝날 수 있어야 미래가 있습니다|
정치적인 세우기

선생님은 남아메리카와 캐나다를 언급하셨습니다. 거기엔 어떤 갈등이 있습니까?

플로리다의 세미나에 페루에서 온 한 잉카족 여자가 참가했습니다. 목이 몸과 떨어져 있는 상태 같다고 말했습니다. 저는 그 여자의 상태와 스페인 군대에 의하여 목이 잘려진 잉카 왕의 상관관계를 볼 수 있었습니다.

스페인 군대에 의해 살해당한 몇 잉카 사람들을 등을 뒤로하여 눕게 하고, 잉카 왕을 세웠습니다. 그는 눈을 감고 무릎을 꿇었으며 머리를 잉카 희생자들에게 숙였습니다. 그리고 움직이지 않았습니다. 죽은 사람과 같았습니다. 그 곁에 서 있는 세 명의 스페인 사람들도 아무런 움직임 없이 서 있었습니다.

그러자 저는 그 여자를 장으로 들어오게 하였습니다. 그 여자는 왕의 대역에게 가서 그를 다시 살리려고 했습니다. 왕을 다시 서게 하려고 시도했습니다. 그러나 왕으로부터 아무런 움직임을 볼 수가 없었습니다. 그는 그냥 그렇게 누워 있었습니다. 그 여자분은 아무것도 할 수 없었습니다. 잉카 사람들이 그렇게 모두 죽었고 그들에겐 과거가 그렇게 온전히 지나, 끝난 것이 분명했습니다.

그런 후 그 여자는 스페인 사람들 앞에 섰습니다. 한 사람과 눈을 맞추고 쳐다보며 손을 내밀었습니다. 그리고 또 다른 사람과도 그렇게 했습니다. 그러자 스페인 대역들은 죽은 잉카 사람들을 내려다보며 눈물을 흘렸습니다. 화해를 가져오는 움직임이었습니다. 그 여자는 또다시 왼쪽과 오른쪽을 바라보며 스페인 사람들 앞에 서 있었습니다. 여기에서 저는 세우기를 중단했습니다.

제가 이제 어떠하냐고 묻자, 몸과 머리가 다시 연결됐다고 말했습니다. 다음 날 그녀는 제게 편지를 보냈습니다. 편지엔 그녀가 19세기에 스페인을 상대로 저항을 하다가 사지가 찢겨 죽은 마지막 잉카 왕의 후손이라고 적혀 있었습니다.

조상의 장인 과거에 머물러 있던 그녀는 세우기에서 현재의 장으로 넘어왔습니다. 그리하여 그녀에겐 과거가 지날 수 있었습니다. 세우기를 통해 과거의 장으로부터 새로운 장으로 천천이 움직일 수 있는 예가 되겠습니다.

베네주엘라에서는 석유회사들이 원주민 구역에서 석유를 생산하고 있었습니다. 그러기에 원주민뿐만 아니라 다른 많은 사람들도 당연히 그에 저항합니다. 여기에서의 저항이 성공할 것 같습니까? 이런 상황을 원주민을 위해 다시 과거로 돌려놓을 수 있습니까? 아닙니다. 과거를 뒤로하고 석유회사에서 일하는 원주민에게만이 미래가 있습니다. 단지 그들에게만이 미래가 있을 수 있습니다.

이와 비슷한 것을 캐나다에서도 경험했습니다. 원주민들이 성스럽게 여기는 산이 있습니다. 그런데 외국계 회사가 그 산에서 철을 생산하려고 합니다. 원주민들의 생활 모든 것이 변하게 됩니다. 법에 따르면 그 구역은 원주민 자치에 맡겨져 있습니다만 그 법이 지켜질 가망은 거의 없습니다.

이들에게 미래가 있습니까? 있다면 어디에 있습니까?

거기의 상황은 여자들이 남자들을 무시한다는 데 있습니다. 미래가 없기에 남자들은 빈둥거리며 술에 빠져 있습니다. 그래서 저는 그들에게 말했습니다. "당신들은 아직도 전사와 사냥꾼이지만 이젠 전사와 사냥꾼이 할 일이 없습니다. 그런 일은 옛날 일입니다. 당신들은 투사에서 노동자가 돼야 합니다. 거기에 당신들의 미래가 있습니다." 이건 영혼에 전환을 일으키는 정치적인 개입입니다.

옛것을 새것에게로 통합시키는 어떤 가능성도 없단 말씀입니까?

없습니다. 두 경우의 공통점은 과거가 지나게 두어야만 미래가 있단 것입니다.

그럼 여기엔 영혼의 분야와 정치적 분야에 아무런 차이가 없습니까?

여기에선 영혼적인 것과 정치적인 것이 같습니다. 아무런 구별이 없습니다. 영혼에서 과정이 준비돼야 결정적인 행동이 따릅니다. 내전 중인 콜롬비아에 갔습니다. 거기엔 참혹한 폭력이 난무합니다. 거의 모든 가정은 내전의 피해자를 가집니다.

저는 게릴라와 비정규군 사이에서 그들이 전쟁 규칙을 지켜야 한다고 중재하려는 한 여자분과 대화를 했습니다. 그녀에게 질문했습니다. "무슨 전쟁 규칙을 지켜야 합니까? 두 진영은 아무런 구체적인 목표를 가지고 있지 않습니다. 그들은 단지 살인자들입니다. 한쪽에서 살인하고 다른 쪽에서도 살인합니다."

저는 거기에서 식민지화를 되돌리려는 움직임을 보았습니다. 그 폭력적인 움직임은 상류 계급을 나라 밖으로 내몹니다. 상황은 해외 도피를 강요합니다.

폭력적인 힘이 너무나 강하기에 다른 쪽은 떠나야 한단 말씀입니까?

콜롬비아 수도인 보고타에서 열린 세미나에 온 한 여자분을 만났습니다. 그녀의 남편은 게릴라에게 납치되었다가 많은 돈을 주고 풀려난 것 같았습니다. 남편이 아주 변해서 어린아이처럼 되었다고 그녀는 말했습니다.

그는 3,000명 이상의 직원을 가진 설탕 공장의 사장이었습니다. 그 사장과 몇 명의 직원을 서로 마주 보게 세웠습니다. 그 직원들은 사장에게 상상할 수 없는 적의를 품고 있었습니다. 그 옆에 게릴라 대역 한 사람을 세웠습니다. 직원들은 게릴라들과 마음 깊이에서 한편이었습니다. 그 가족이 나라를 떠나야만 하는 것을 이 세우기는 보였습니다. 그 외에 다른 방법은 없었습니다. 저는 콜롬비아보다 희망이 없는 나라를 보지 못했습니다.

게릴라에 동조하는 다른 여자분은 상황을 분명히 보려고 했습니다. 게릴라와 피해자 대역으로 다섯 명씩 선택하여 게릴라들은 서게 하고 피해자들은 눕게 했습니다. 게릴라 대역들은 처음에 전혀 움직이지 않았습니다. 아주 천천히 게릴라 대역 중 한 분씩 피해자 쪽으로 움직였고, 한 피해자 대역은 게릴라를 손으로 잡아 아래로 끌려고 했습니다. 그러나 한 대역은 움직이지 않고 서 있었습니다. 그는 게릴라 대장이었습니다. 그러자 저는 콜롬비아 대역으로 한 여자를 세웠습니다. 그녀는 가슴이 찢어지도록 아파했습니다. 그녀는 어찌할 바 몰라 했습니다. 결국 모두 바닥에 누웠으나 대장은 장을 떠났습니다.

여기에서도 저항과 싸움에 관한 것입니다. 그렇다고 무엇이 생깁니까? 얼마나 더 많은 피해자가 발생해야 합니까? 모든 게 단지 살인, 살인, 살인을 가져올 뿐입니다. 콜롬비아는 피 흘리고 있습니다. 전쟁은 피할 수 없는 것 같습니다. 모두 장기판의 졸같이 아무런 목표 없이 움직여 결국 단지 범죄자가 됩니다. 모두 지쳐야 변할 수 있을 것 같습니다.

선생님은 두 가지 종류의 말씀을 하십니다. 그들은 단지 죽음만 가져온다. 그리고 그렇게 돼야만 한다. 그래야 새로운 것이 올 수도 있다.

그렇습니다.

이러한 세우기를 왜 '정치적 세우기'라고 명명하십니까?

영혼에서의 변화가 공공 분야에서 작용할 수 있기 때문입니다. 공공 분야에서의 변화는 영혼에서 시작합니다. 이 비디오를 보고타의 한 대학 사람들에게 보였습니다. 단지 그들 모두는 울었습니다. 그들은 매우 감동했습니다.

그러나 그들이 행동하기를 원한다면, 그들은 갈등에 자신들을 세워야 합니다. 갈등의 일부가 되어야 합니다. 결국 장군들에 의하여 평화가 얻어질 것입니다. 이렇게 계속 싸워서는 안 된다고 보는, 서로 싸우는 장군들에 의해 평화가 가능해질 것입니다.

평화가 가능하기 위해 우선 먼저 싸워 죽여야 합니까?

아닙니다. 어느 누구도 평가나 비난하지 않고 모두를 향한 존경으로 말합니다. 대적하여 서로 싸웠던 사람들은 결국 나란히 섭니다.

무슨 말씀을 하고 싶으십니까?

제겐 인간적인 것이 문제가 됩니다. 결국 인간적인 것을 가져오지 못하는 정치는 좋은 정치가 아닙니다. 제겐 정치란 사람들을 함께 하게 하는 것입니다.

선생님이 말씀하신 인간적이란 무슨 말씀입니까? 보통 사용에서는 가치를 표현합니다.

아무도 더 선하지 않다는 것입니다. 선과 악이 둘 다 인간적이란 것입니다. 인간적인 것을 '좋은 면'만이라고 하여 그렇게 행동하는 사람들은 결국 가장 비인간적인 사람이 됩니다.

그럼 비인간적이란 무슨 뜻입니까?

다른 사람들에게 대항하여 자신을 세우는 사람들은 결국 비인간적이 됩니다.

가족세우기에선 평화의 움직임이란 제외된 자들을 포함시키는 것입니다. 그럼 정치적 세우기의 핵심은 무엇입니까?

정치적 세우기에선 이제까지 제가 한 바에 의하면 전쟁과 살해의 경험을 가진 민족이 어떻게 미래를 가지느냐입니다. 가해자와 피해자가 함께하여야 공동의 미래를 향한 새로운 걸음이 가능합니다. 평화의 움직임도 영혼에서 시작합니다. 누가 방해합니까? 지금 판단하여 그 전쟁을 계속하는 사람들입니다.

언제나 그렇다고 말씀하십니다.

제가 일한 곳 어디에서나 그렇습니다. 이스라엘, 남아메리카 그리고 중국에서는 일본과 중국 간의 전쟁이었습니다. 또한 남미나 북미의 원주민에서 그렇습니다. 언제나 같은 과정입니다. 원래의 적대자들은 죽음의 세계에서 서로 함께할 수 있습니다. 우리는 그들이 서로 눈을 맞추며 인간으로 인정하고, 같이 함께 영면하게 허락해야 합니다.

그것이 영혼의 움직임으로 일어나기에 선생님은 개입하지 않으신다고 말씀하십니다. 죽은 자들은 원하는데 살아 있는 후손들이 반대한다고 하십니다. 왜 죽은 자들은 혼자 못합니까?

장 내에선 혼자 못합니다. 적어도 세우기에서 그렇게 나타납니다. 후손들이 그것을 가능하게 해야 합니다.

가능하게 해야 한다고요? 어떻게 될 수 있습니까?

후손들이 자신들의 영혼에서 가해자와 피해자를 함께하게 합니다. 양쪽(가해자와 피해자)을 가슴에 품어야 합니다. 그렇지 않으면 안 됩니다. 이게 이뤄지면 과거는 지날 수 있습니다. 죽은 자들은 물러설 수 있기에 정말 죽음에 있을 수 있습니다. 그럼 더 이상 보복이 없습니다. 그리고 앞을 바라봅니다.

복수 대신에 사랑이 자리한다고요?

그렇게 말할 수 있겠습니다.

정치적 세우기는 영혼에서의 함께함을 일으킨다고 말할 수 있겠습니다. 그러나 그건 개인적인 어떤 것이죠? 선생님은 정치적으로 무엇을 일으키십니까?

저는 거기에 관심을 갖지 않습니다. 저는 씨를 조금 뿌렸습니다. 더 이상 아닙니다. 그러나 제가 좋은 결과를 가져오는 어떤 것을 했다는 것은 분명합니다.

|그렇게 하면 폴란드 사람들이 독일인들을 더 사랑합니까?|
배상 요구에 관하여

작년에 선생님이 폴란드에 계실 때 배상에 관한 토론이 있었습니다. 독일의 추방 연합은 배상을 요구했고, 몇 명의 폴란드 국회의원도 독일에 배상을 요구했습니다. 이 요구들은 무엇을 야기합니까?

저는 폴란드에서 했던 강연에서 청중들에게 질문했습니다. "폴란드가 추방된 자들에게 배상금을 지불한다고 생각해 보십시오. 그럼 추방된 자들은 폴란드를 더 사랑합니까? 반대로 독일이 폴란드에게 배상금을 지불한다면 폴란드 사람들은 독일을 더 사랑합니까? 그렇게 한다고 그들은 만족해합니까? 그리하여 전체는 끝없이 계속되지는 않습니까? 이제 끝이다라고 정녕 말해야 하지는 않습니까?"

이 요구들은 아무에게도 도움이 안 됩니다. 또한 실제 당한 사람들에게도 아무런 도움이 안 됩니다. 그때 추방당한 사람들은 벌써 거의 다 죽었습니다. 그리고 독일 사람들에게 해를 입은 폴란드 사람들도 이미 거의 다 죽었습니다. 그렇다면 무슨 배상입니까? 후손들이 자신들의 권리가 아니면서 요구합니다. 후손들 중 거의 아무도 스스로 해를 입지 않았으면서도 요구합니다.

가족시스템으로부터 아마 고통을 당했을 것입니다. 전쟁 중 아버지를 잃었거나, 피난 길에서 질병을 얻었거나, 살던 집에서 쫓겨나 외상을 입은 아이들은 아마 고통을 받았을 겁니다.

그렇다면 그 요구들은 누구를 향합니까? 원인을 유발시킨 사람들에게 향합니까? 벌써 다 죽었습니다. 벌써 지났기에 지나게 돼야 하는 어떤 것을 다시 다루려고 합니다. 아버지를 잃은 한 아이가 "당신 책임입니다."라고 어떤 사람에게 말한다면 그는 자신의 아버지를 보지 않고 다른 사람을 봅니다.

다른 예를 들겠습니다. 몇 년 전에 콩코드 비행기 한 대가 추락했습니다. 피해자 각 가족은 약 12억 원의 피해보상을 받았습니다. 그 돈을 쓰는 가족들의 영혼에 무엇이 일어나겠습니까? 그들은 아직도 죽은 사람들을 바라봅니까? 그러한 피해보상은 영혼에 무엇을 야기합니까? 죽은 사람들과의 연결은 끊어지고 돈이 대신합니다.

지난 것은 끝나야 한다고 말씀하시는데 그렇다면 무엇 때문에 죽은 자들과의 연결입니까? 그리고 다른 것입니다만, 독일이 이스라엘에게 한 피해보상도 같게 봅니까?

독일이 이스라엘에게 피해보상한 것은 확실히 좋았습니다. 그래도 한계가 있습니다. 그리고 독일 사람들은 무엇을 하지 않았습니까? 유대인이 소유한 재산을 돌려주지 않았습니다. 누가 아직도 유대인 소유의 집에서 삽니까? 가구나 집들이 어떻게 되었습니까? 누가 그로부터 치부했습니까? 피해자들이나 후손들에게 되돌려주었습니까? 만약 이뤄졌다면 그게 원래의 피해보상입니다. 개인으로부터 개인에게.

클라우드 란츠만Claude Lanzmann의 영화 『쇼아』에선 유대인들이 추방된 집에서 살고 있는 폴란드 사람들에게 질문합니다. 아주 인상 깊은 영화였습니다. 문에서 거절하는 사람도 있었으나 집 앞에서 전에 살던 죽은 유대인에 대해 이야기하는 사람도 있었습니다. 그들은 깜짝 놀라워 하며, 또한 약간 창피해했습니다.
 그럼 독일로 돌아와서, 저 옷장은 내 것이 아니고 아론이란 유대인의 것이다. 또는 내가 살고 있는 집은 유대인의 것이다. 그러기에 나는 집을 비워 줘야 한다는 말씀입니까? 그때 거기에서 살았던 유대인은 거의 다 죽었거나 살해당했습니다. 아주 적게 개인으로부터 개인에게 되돌려줄 수 있습니다.
사람들은 그것을 소유할 수 없습니다. 미친 짓입니다. 그런 집에선 살 수 없습니다. 다른 사람들이 살고 있습니다만, 법적인 문제는 제외하고, 영혼에서 볼 때 그런 것을 소유하여 이득을 본 사람들은 세대에 걸쳐 나쁜 결과를 갖습니다.
 만약 되돌려주었다면, 그게 원래의 피해보상입니다. 그런데 국가는 지불했고 각 개인은 아무것도 하지 않았습니다. 저는 이 영혼의 차원에서 이런 말씀을 드립니다.

가족세우기는 "목표가 없다"고 말씀하시는데 무슨 말씀입니까?

가족세우기를 처음 시작할 때, 저는 대역들을 한 공간에 세워 한 가족에서 어떤 관계들의 나타나는가를 보려고 했습니다. 가족세우기는 새로운 방법이었습니다. 가족세우기는 전에 볼 수 없었던 가족 간에 서로 영향을 주고 있는 힘의 어떤 것을 보였습니다.

가족세우기와 그 경험을 통해 아주 다른 세계관이 열렸습니다. 가족세우기를 통해 드러난 것은 과학과 철학 그리고 심리학의 기본 전제들을 허물어뜨립니다. 이게 사람들을 두렵게 합니다.

프로이트Freud도 중산 계급을 경악시켰습니다. 우리가 우리를 마음대로 할 수 없고, 우리가 억압한 충동에 의해 조정된다는 인간상은 20세기 초 사람들이 생각할 때 아주 깊은 모욕이었습니다. 우리는 연결돼 있고 우리 모두는 얽혀 있다는 선생님의 말씀은 이제 자율적이고 자유롭다는 인간의 이상을 모욕합니다.

저는 단지 무엇이 도움이 되는가를 묻기만 합니다. 무엇이 부모나 자녀를 돕습니까? 무엇이 평화에 봉사합니까?

프로이트나 융Jung의 무의식 연구를 어떻게 생각하십니까?

프로이트는 성적인 충동갈등이 자리를 차지하게 했습니다. 충동들이 제자리를 차지하면 충동들은 더 이상 위험하지 않습니다. 동시에 그는 여러 면에서 지배적인 도덕의 경계를 넘었습니다. 가족에서 터부시되었던 것이 이제 다르게 보여집니다. 그는 개인적인 면에서 양심의 경계를 넘어 공헌했습니다. 그 결과는 자유화와 엄한 도덕의 약화입니다. 심리 분석을 하지 않는 사람들도 오늘날 아주 많은 여유를 가집니다. 상상할 수 없는 선구적인 일이었습니다. 프로이트도 또한 얽힘에 관해 상당한 통찰을 가졌습니다.

선생님을 통해 더해진 것은 무엇입니까?

가족 구성원의 대역들이 어떤 공간에서 실제 가족들과 똑같이 느낀다는 발견은 전에도 있었습니다. 쉔펠더도 보였고, 사티어Satir는 가족조각을 진행했습니다. 통찰들이 가질 수 있는 범위가 새로운 것입니다. 양심과 죄의 역학관계에 대한 통찰들이 새로운 것입니다. 가족세우기에서 관찰할 수 있는 구조적 역학관계인 인연, 조정 그리고 질서가 드러납니다. 또한 전 세대에 대한 우리의 의존성이 드러납니다. 우리는 조상들과 그들의 운명이 우리에게 어떻게 영향을 끼치는가, 예를 들면 어떻게 우리를 병들게 하는가, 장애를 가지게 하는가뿐만 아니라 드러남으로써 어떻게 치유하는가를 인식할 수 있습니다.

선생님은 가족세우기를 계속 발전시켰습니다. "영혼의 움직임"이라고 명명하십니다. 원래의 가족세우기와 "영혼의 움직임"은 어떻게 다릅니까?

요사이 저는 자주, 단지 한 대역만 세웁니다. 대역을 세우지 않고 직접 의뢰인 본인을 세울 때도 있습니다. 움직임을 통해 어떤 것이 전개되도록 충분한 시간을 줍니다. 그럼 그 움직임들에서 어떻게 전체 시스템이 풀림을 원하여 풀림을 찾는가를 볼 수 있습니다. 시스템이 무엇을 필요로 하는가 움직임에서 분명해집니다. 가족장이 가족 대역 모두를 세우지 않아도 한 사람에게 현존하는 것이 제게 보입니다. 가족장이 한 사람을 통해 작용하고 있습니다. 대역이 바닥을 보고 있다면, 죽은 자를 누입니다. 보여 주는 움직임을 따라

한 걸음 한 걸음 계속합니다. 의뢰인으로부터 풀림이 옵니다. 몇 대역을 더 세우면, 전체로부터 그 시스템을 위해 무엇이 결정적인가 분명해집니다. 풀림을 세우지 않고 어떤 것이 풀어지기 위해 필요한 움직임이 세워집니다. 결정적인 움직임이 시작되자마자 저는 중단할 수 있습니다.

전엔 한 가족 구성원 대역 전부를 세우게 하셨습니다. 그리고 세워진 시스템을 보셨습니다. 세워진 형태로부터 선생님은 어떤 점들을 보실 수 있었습니다. 대역들에게 어떠냐고 질문하시고 다른 자리에 세워 또 질문하시면서 마침내 풀림을 가져오는 문장들을 따라 하게 하셨습니다. 대역들로부터 오는 정보와 자리가 바꿔짐에 따라 느낌이 달라지는 것에 의해 풀림을 찾는 과정이었습니다. 한두 대역을 세우는 요즈음에는 이런 정보들을 얻지 않으십니다. 무엇이 변화했습니까?

전엔 문제를 가진 가족이 자신에게 알맞은 질서를 찾는다고 생각했습니다. 가족세우기 과정을 통해 세워진 모든 대역들이 좋게 느낌으로 그 질서가 찾아졌습니다. 그러면 인식된 질서에 따라 내면의 변화를 가능하게 하여 얽힘에서 풀어 나오게 돕는 문장들을 따라 하게 했습니다. "이제 나는 산다", "이제 나는 너를 위해 있다", ―부모님을 거절한 경우에는― "부모님, 당신들께 영광을 올립니다", "이제 저는 당신들이 주신 것을 받아들입니다" 등입니다. 그리하여 영혼에서 어떤 것이 움직이기 시작했습니다. 포옹함으로 화해가 일어나기도 했습니다. 가끔 의뢰인이 물러나는 것이 질서이기도 했습니다. 이런 종류의 가족세우기도 대단한 일입니다. 우린 그 효과에서 그걸 봅니다.

 그러나 점점 원초적 치료에서와 같이 그렇게 많이 필요하지 않다는 것을 감지했습니다. 한 사람이나 두 사람이 필요합니다. 다른 사람들은 단지 함께 생각되거나 느껴집니다. 테마를 가져오는 의뢰인은 전체 시스템의 대역입니다. 그가 개인으로 거기에 있는 게 아닙니다. 시스템이 필요로 하는 그 어떤 것이 의뢰인 안에서 드러납니다. 세워진 사람으로서의 움직임은 단지 자신만의 움직임이 아닙니다. 그는 자신의 시스템의 구성원으로서 움직입니다. 그가 움직일 때 전체 시스템의 어떤 것이 움직입니다.

시스템이 대역의 형태로 있지 않다는 말씀입니까? 움직임을 통해 찾는 과정이 이뤄진단 말씀입니까?

그렇습니다. 그리고 풀림은 광범위하게 멀리 갑니다. 가족세우기에선 풀림의 상을 가끔 가졌습니다. 그러나 여기, 영혼의 움직임에선 더 이상 상이 없습니다. 가족세우기에선 자주 개입합니다만, 영혼의 움직임에선 단지 어쩌다가 개입합니다. 영혼에 내재한 어떤 것이 외부의 간섭 없이 성장합니다. 의뢰인은 처음부터 이미 도상에 있습니다. 변화는 이미 세우기에서 시작합니다.

어떻게 찾으셨습니까?

가족세우기에선 대역이 어떻게 느끼는가 묻습니다. 어느 땐가 저는 더 이상 묻지 않기 시작했습니다. 단지 오래 기다렸습니다. 언젠가 대역이 스스로 움직이기 시작했습니다. 전에도 대역이 갑자기 쓰러진다거나, 부들부들 떤다거나 또는 몸을 움찔 움직이고 하는 것을 저는 벌써 관찰했습니다.

'보통 가족세우기'에서도 가끔 대역은 알지도 못하는 가족 구성원의 증상을 갑자기 느꼈습니다. 처음엔 마술이라고 모두 깜짝 놀랐습니다만, 오늘날에는 당연한 것이 되었습니다. 선생님은 어떤 특별한 것이나 다른 것을 보십니까?

저는 증상을 다른 눈으로 봅니다. 대역은 갑자기 단지 자신에게만 속하지 않는 어떤 것에 덮칩니다. 그의 시스템의 움직임이 그에게서 나타납니다. 저는 이 움직임을 더 큰 관계에서 봅니다.

증상으로 인해 나타나는 움직임과 다른 움직임을 선생님은 보신단 말씀입니까?

그렇습니다. 스스로 나타내는 것을 저는 오늘날 온전히 신뢰합니다. 이 움직임들이 전개될까, 전개된다면 어떻게 전개될까를 기다렸을 때, 정말 의뢰인뿐만 아니라 그 가족을 위해 풀림을 보여 주는 스스로의 움직임이 생겼습니다. 새로운 것이었습니다. 대역들은 더 큰 영혼에 의해 움직입니다. 다른 어떤 것이 대역들을 덮칩니다.

단지 한 대역의 나타냄이 아닌 다른 차원이란 말씀입니까?

그렇습니다. 더 큰 영혼이 아무도 개입하지 않기에 대역을 통해 풀림을 찾고 발견합니다. 대역 안에서 영혼의 움직임을 통해 보이게 작용하는 큰 힘은 개인의 생명뿐만 아니라 시스템을 조종합니다.

더 나아가 역사의 흐름을 조정하기도 합니다. 이 '영혼'에 우리도 함께하고 있습니다. 우리가 하나의 영혼을 갖는 게 아니라 우리는 영혼의 일부입니다. 모두는 같은 방향으로 갑니다. 그 움직임들은 전에 절연된 것을 함께하게 합니다. 화해를 향한 움직임들입니다.

그 움직임이 어떤 종류의 움직임인지 어떻게 아십니까? 대역들은 단지 자신으로부터 스스로 움직일 수 있지 않습니까? 이 움직임들이 다른 움직임과 어떻게 다릅니까?

그 움직임들은 완전히 다릅니다. 몸을 자세히 보면 그 움직임들은 저 깊이에서, 배꼽 밑에서 시작합니다. 대역들은 몰립니다. 그들은 다르게 할 수 없습니다.

또 질문하겠습니다. 대역이 시스템으로부터 움직임들을 넘겨받는 현상은 잘 알려져 있습니다. 가족세우기에서 한 대역이 갑자기 몸을 움찔하며 움직이기 시작합니다. 의뢰인에게 질문하면, 할아버지가 간질로 인해 발작을 했다고 말합니다. 개인적인 대역의 차원입니다. 할아버지 대역이 할아버지와 같이 움직입니다. 영혼의 움직임에선 더 많은 어떤 것이란 말씀입니까? 어떻게 찾으셨는지 예를 들어 주시겠습니까?

새 예감을 가져온 맨 처음의 세우기는 유대인 남자와 함께합니다. 그때 처음으로 관찰했습니다. 저 깊이에서 연결을 위해 몸부림치는 영혼의 움직임이 있습니다. 살인자와 그 피해자 사이에서도 연결을 추구하는 움직임이 있습니다. 그때 처음으로 그런 움직임들을 신뢰할 수 있다는 것이 그리고 통상적, 도덕적 생각과 완전히 상반되는 어떤 것이 발생한 것이 분명했습니다. 또한 가해자뿐만 아니라 피해자도 다른 힘에 의하여 조정된다고 명백히 경험합니다. 그들은 둘 다 그 힘에 같이 함께 넘겨져 있습니다. 그 후 저는 계속 추구하여 그 움직임들을 신뢰했습니다.

정치적 세우기 예를 들어 주시겠습니까?

몇 주 전 저는 니카라구아Nicaragua에서 일했습니다. 소모사Somoza 독재 치하에 그 나라는 신음했었습니다. 저항세력의 지도자는 산디노Sandino였는데 소모사에 의해 암살당했었습니다. 소모사도 나중에 망명생활 중 암살당했습니다. 저항세력은 산디노를 위한다 하면서 소모사와 그 추종자들에 대항해 내전을 시작했습니다. 그들은 3분의 1가량의 주민을 추방했습니다. 무엇보다 원주민들이었습니다. 저항세력도 결국 소모사처럼 전쟁에 졌으면서도 권력을 잡았으나 국민의 지원을 받지 못했습니다. 이제 두 정권은 역사의 뒤로 물러섰습니다. 이제 민주정부가 세워졌고, 모두 그 참혹한 내전 후 화해를 위한 욕구가 아주 강합니다. 내전의 당사자들이 아직도 살아있으며 당연히 그 후손들도 많습니다.

세미나에 니카라구아 수도인 마나구아Managua의 경찰서장과 군대의 고위 장성들뿐만 아니라 첫 대통령의 딸도 참석했습니다. 경찰서장은 저항세력의 비밀경찰이었습니다. 과거의 모든 '진영'이 참석했습니다.

저는 소모사와 산디노 두 대역을 마주 보게 세웠습니다. 둘은 두 주먹을 불끈 쥐고 아주 천천히 서로 죽일 듯이 노려보며 다가갔습니다. 그러자 저는 내전의 피해자 세 명을 그 사이에 뉘였습니다. 그러자 둘은 갑자기 제정신으로 돌아왔습니다. 소모사 대역뿐만 아니라 산디노 대역도 아래의 피해자들을 내려다보았습니다. 그리고 소모사 대역은 바닥에 쓰러져 죽은 자들에게 기어가 그 곁에 누웠습니다. 산디노 역시 점점 소모사에게 향하여 가, 마치 같은 무덤에 함께 누워 있으려고 하는 것처럼 소모사 곁에 누웠습니다. 이 모든 것이 외부의 개입 없이 일어났습니다.

누가 대역을 했습니까?

둘 다 스페인 사람이었습니다. 저는 니카라구아 대역으로 한 여자를 세웠습니다. 그녀는 단지 고통으로 고함지르기만 하다가 죽은 자들 곁에 누웠습니다. 내전의 끝이었습니다. 우린 묻습니다. '무엇을 위해 싸웠느냐'고. 결국 죽은 사람들뿐입니다.

그리고 소모사와 산디노 추종자들의 후손들을 각 3명씩 대역으로 세웠습니다. 죽은 자들을 사이에 두고 그들은 서로 마주 보고 섰습니다. 그들도 천천히 서로 다가가 두 손을 내밀었습니다. 그러자 저는 니카라구아 대역을 한 여자분을 일어서게 했습니다. 후손들은 그녀를 가운데 두고 원을 만들면서 서로 손을 잡았습니다. 그러자 니카라구아는 안도의 숨을 쉬었습니다.

누가 원해서 이 세우기가 진행되었습니까?

모두가 원했습니다. 모든 참가자는 아주 깊이 감동했습니다. 제겐 이게 평화를 위하는 일입니다. 그리고 여기에서 또 한번 보았습니다. 모든 진영은 단지 불행만 가져왔습니다. 전에 싸운 사람들이 오직 불행만 가져왔기에, 그들 모두가 죽은 자들 곁에 눕는 것을 보았습니다. 이제 살아남은 자들과 후손들은 서로 아무런 비난 없이 옛일이 지나게 둡니다. 이게 풀림입니다. 그들은 이제 과거를 뒤로하고 새로 시작합니다. 아주 특별한 세우기였습니다. 영혼의 움직임들이 어떻게 절연된 어떤 것을 저 깊은 차원에서 함께하게 하는가를 이 세우기는 보였습니다.

정치적 세우기에서는 거의 언제나 영혼의 움직임이 일하게 하십니까?
네, 대부분 외부 개입 없이 흐릅니다. 저는 단지 대역을 더 세웁니다. 그게 유일한 개입입니다. 아무런 의도나 목표가 없기에 아주 강렬합니다.

그럼 무엇 때문에 세우기 주재자가 필요합니까?
어떤 사람에게 대역으로 서라고 부탁하면서 주재자는 세우기가 진행되게 합니다. 조금 전의 예에서는 소모사와 산디노를 세웠습니다. 그리고 다음 단계는 피해자와 니카라구아 등입니다. 제 개입으로 진행되게 합니다. 주재자가 없으면 안 됩니다. 그러나 그런 후 모든 것은 대역들의 움직임에 맡깁니다.

가족세우기를 통해서 우리는 대역들이 해석하지 않고 감지할 수 있게 되려면 오랜 시간이 걸릴 수도 있는 것을 압니다. 가족세우기 주재자는 무엇보다 말하여지기에 감지와 해석의 차이를 압니다. 그러나 선생님은 전혀 언어가 없는 영혼의 움직임으로만 일하십니다. 영혼의 움직임인지 선생님은 어떻게 아십니까? 대역이 정말 영혼에서 움직이는지, 아니면 연기를 하는지 또는 놀이를 하는지?

저는 금방 봅니다. 연기를 하면 모든 참가자가 웅성거립니다.

어떤 신호를 보내는 제삼자의 반응일 수도 있지 않습니까?

모두 함께 동시에 장에 들어갑니다. 모두는 장에 의해 움직입니다. 이 장에선 아무도 속임수를 쓸 수 없습니다.

움직임 자체에서 우리가 무엇을 해야 하는가 읽을 수 있습니까?

보통 금방 읽을 수 있습니다.

꾸미는, 자의적인 움직임과 무심한 움직임을 어떻게 구별합니까?

장과 연결된 움직임은 아주 천천히 갑니다. 한 번에 두 걸음 하면 즉시 바꿉니다.

속도가 기준이라면 연습해서 천천히 할 수도 있겠습니다.

안 됩니다. 이 움직임들은 믿을 수 없는 강렬함을 가집니다. 천천히 움직일수록 더 강렬해집니다. 빨리 계속되게 하려는 개입 욕망은 대역들뿐만 아니라 주재자도 아주 강하게 느낍니다. 주재자는 이 느낌을 견딜 수 있어야 합니다. 의도를 가지면 견딜 수 없습니다.

무슨 말씀입니까? 가족세우기를 주재하면서 의도를 가지지 않는다면, 무엇 때문에 주재합니까?

잘되면 좋겠다라는 의도는 금방 장에 영향을 끼칩니다.

어떤 가정도 가져서는 안 됩니까?

가정하면 끝입니다. 주재자는 내면으로 물러서서, 정신 차려, 의도 없음과 빔으로 가야 합니다. 깊은, 거의 영적인 움직임입니다. 신성하고 거룩한 어떤 것을 가지는 과정입니다. 정말 이렇게 들어가는 사람만이 움직임과 함께하여 필요하다면 도우면서 개입합니다.

조금 전에 주재자는 온전히 밖에 머문다고 말씀하셨습니다.

주재자는 들어가지 않으면서 들어갑니다. 자가당착으로 들립니다. 저는 세우기할 때 내면에서 온전히 물러섭니다. 그래야 다른 사람의 영혼은 어떤 소원들로도 영향을 받지 않습니다.

 가족세우기에서는 사람들을 봅니다. 그러나 여기에서는 시스템 구성원들이 넘겨진 운명을 봅니다. 그럼 저는 이제 어머니가 서야 한다고 느낍니다. 관찰자로서는 이게 가능하지 않습니다. 운명에 감정이입이 돼, 운명과 공명에 있기에 어머니가 말하는 것이나 아이가 울부짖는 것을 듣습니다. 저는 들어가지 않지만 아주 강렬하게 함께합니다.

| 저는 진리를 주장하지 않습니다 |

영혼의 움직임과 파악할 수 없는 것에 관하여

| …생각할 수 없는 것이 보여지기에 |

정보와 장에 관하여

가족세우기 신뢰는 학문적인 실험과 검사를 통해 어느 정도 증명되었습니다. 다른 지도자나 다른 대역들이 비슷한 질문에 비슷한 풀림에 다 다른 것을 두 대학 박사논문은 가리킵니다. 영혼의 움직임에서도 비슷할 수 있습니까?

아닙니다. 각자는 다르기 때문입니다. 이 움직임은 느리다는 것 말고 어떤 법칙을 따라 움직이지 않습니다. 또한 거기에서 나타난 인식은 단지 일시적이라는 것입니다. 영혼의 움직임에서 본질적인 것은 이제까지 제게 생각될 수 없었던 관계들이 보여진다는 것입니다.

예를 들겠습니다.

어떤 분이 와서 자신의 네 명의 자녀가 학교에서 배우지 않는다고 말합니다. 그런데 부인이 결혼 전 다른 사람과의 관계에서 한 아이를 인공유산시켰다고 말합니다. 그러자 저는 단지 유산된 아이와 네 명의 자녀를 세웠습니다. 모두 힘들어했습니다. 부인을 세웠지만, 그녀는 유산된 아이를 보려고도 하지 않았습니다. 그러자 저는 부인의 어머니를 더 세웠습니다. 그런 여자는 자신의 어머니와 아무런 관계를 갖지 않는다는 것을 저는 자주 보아 알기 때문이었습니다. 그래도 아무것도 나타나지 않기에 중단시켰습니다. 그러자 남편이 또 말합니다. 부인의 어머니에게는 두 자녀가 있었는데, 둘째를 가졌을 때 어머니가 임신 중 아주 힘들어해서 더 이상 자녀를 갖지 말라고 했는데 세 번째 임신이 돼, 생명에 위험이 되기에 인공유산시켰다고 합니다.

친정어머니가 그랬단 말씀입니까?

그렇습니다. 그래서 다시 세웠습니다. 부인, 친정어머니, 인공유산되어야만 했던 아이 그리고 친정아버지를 세웠습니다. 유산된 아이는 어머니의 두 발 사이를 지나 부인 발 사이로 기어들었습니다. 그리고 갑자기 마치 목 졸림을 당하는 것처럼 심하게 숨을 쉬었습니다. 아이의 아버지(친정아버지)는 두 주먹을 불끈 쥐고 서 있었습니다. 아이가 살해당했다는 것이 분명했습니다. 인공유산당한 게 아니었습니다.

어머니가 유산했다고 했는데 아버지가 살해했단 말씀입니까?

그렇습니다. 그러고 나서 저는 부인의 인공유산된 아이를 세웠습니다. 아이는 할아버지와 마찬가지로 두 주먹을 불끈 쥐었습니다. 부인의 인공유산된 아이는 살인자인 할아버지와 동일시되어 있었습니다. 아무도 생각할 수 없습니다. '인공유산'되었단 아이는 자신의 아버지를 보고 말했습니다. "저는 당신을 사랑합니다." 그러자 아버지는 온화하게 돼, 바닥에 누웠습니다. 그 아이도 아버지 곁에 함께 누웠습니다. 그러자 부인은 자신이 인공유산시킨 자신의 아이에게

가 껴안았습니다. 그런 후 네 아이와 유산된 아이를 다시 세웠습니다. 모두 행복해했습니다.

　우리가 생각하는 것과 아주 다르게, 모든 도덕적인 판단이나 비난을 완전히 넘어 이 움직임들이 저 깊이에서 함께하는 것이 보입니다.

보통 가족세우기에서는 보여지지 않는단 말씀입니까? 이 영혼의 움직임의 특별한 점은 무엇입니까?
살인이었다는 것은 오직 영혼의 움직임들에서만 볼 수 있습니다. 오직 움직임들에서만 나타납니다. 이 움직임들은 말없이 오직 한 문장만으로만 진행되었습니다.

두 주먹을 쥐었기에 선생님이 살인이라고 해석하시지는 않았습니까?
'유산되었다는 아이'는 자신으로부터 스스로 움직였습니다. 도망간 부인 대역의 발을 껴안았습니다. 그리고 목 졸림 당할 때 하는 움직임들을 보였습니다. 일어난 일이 저절로 우리 눈앞에서 흘렀습니다. 그때 아이의 아버지는 다른 데를 보며 두 주먹을 불끈 쥐었습니다. 이 움직임들에서 살인이었다는 것이 분명합니다.

선생님은 그렇게 말씀하십니다. 더 질문하고 싶습니다. 인공유산되었던 아이는 부인 대역에게 기어가 두 발을 붙잡았습니다. 그리고 부인의 인공유산된 아이는 할아버지와 똑같이 두 주먹을 불끈 쥐었습니다. 그로부터 선생님은 두 개의 결론을 내립니다. 부인의 아버지가 살인했고, 부인의 인공유산된 아이는 할아버지와 동일시…

우리는 지금 완전히 다른 차원에 와 있습니다. 선생님은 그게 사실이냐 아니냐를 질문하면서 법적인 심리를 하고 있습니다. 영혼의 움직임들과는 더 이상 아무런 상관이 없습니다. 저는 해석하지 않습니다. 무엇이 거기에 흐르는가 우리는 볼 수 있었습니다. 그러나 본 것을 누가 감히 말할 수 있습니까? 모든 과정이 모두에게 보이면서 흘렀는데도 사람들은 힐난합니다. 아무런 정보도 없이 어떻게 그런 말을 할 수 있는가?라고 힐문합니다.

영혼의 움직임의 '진실'은 정보와 아무런 관계가 없습니까?

가끔 있습니다. 특히 정신분열의 경우, 결정적인 사건은 정보를 전혀 얻을 수 없는 수세대 전에 있습니다. 그러나 정보는 장에 아직도 있어 영혼의 움직임들에서 나타납니다.

도대체 움직임은 어디에서 옵니까?

거기에 에너지 장이 있음에 틀림없습니다. 그걸 과학적으로 검사할 수 있는가는 다른 질문입니다. 그런 질문은 풀림에 방해가 됩니다. 제가 그걸 알려고 하는 순간 저는 생명과 더 이상 관계를 맺지 못하여 생명이 좋게 계속 흐르는 것과도 관계를 맺지 못합니다. 추상적인 질문들이기 때문입니다.

|제가 사후 검사를 한다면, 저는 이기적인 의도를 가집니다|
가족세우기 효과의 증거와 성공 여부 검사에 관하여

가족세우기가 끝난 후 아이들과 가족 전체는 편하게 느꼈습니다. 그러기에 가족세우기 효과는 그렇게 자명하다고 스스로 말씀하십니다.

그렇습니다.

저는 아이들이 이제 학교에서 잘 배우고 있는지 알고 싶은데요.

많은 사람들은 알고 싶어 합니다. 그렇다고 저도 알고 싶어 하면, 저는 의도를 갖습니다. 이기적인 의도를 갖습니다.

내가 잘했는가? 내가 성공했는가? 라는 질문이란 말씀입니까?

그렇습니다. 아이들과 더 이상 관련 없는 질문입니다. 그런 호기심은 치유적인 움직임을 방해합니다. 제가 만약 알고 싶어 한다면, 아이들에게는 나쁘게 작용합니다.

한숨 나게 합니다.

예, 많은 사람들이 마음에 안 들어 합니다. 그들은 증거를 가지려고 합니다. 아이들이 잘되게 하려고 그럽니까?

그럴 거라고 생각합니다.

그들은 좋은 것을 원하지 않습니다. 그들에게는 아이들이 안중에도 없고 또한 그들은 그 가족을 존경하지도 않습니다. 가족의 내면에 호기심으로 침입하기 때문입니다.

치료자로 일한다면 내가 한 일이 잘되었는가라는 질문은 당연합니다. 그러나 선생님은 효과를 가져오는 어떤 것과 함께 나를 바친다고 말씀하십니다. 보통 사람들은 가족세우기 이후 정말 잘되어 가는가 알려고 합니다만 선생님은 알려고 하지 않습니다. 알려고 함으로 의뢰인의 자율이 해를 입는다고 보십니까?

그럴 수 있습니다. 세우기가 끝나면 제 일도 끝납니다. 더 이상 없습니다. 이게 제 입장입니다. 잘되어 가는가의 증거를 가지려는 사람들은 무엇을 원합니까? 의뢰인들이 잘되길 원합니까? 정말 증거를 가지려고 합니까? 증거를 가져 따르려고 합니까? 새로운 증거를 요구하지는 않습니까?

환자에게 준 약이 정말 그를 건강하게 했는가, 알려고 합니다.

그건 의학입니다. 당연히 그렇게 규명되어야 합니다. 가족세우기 박사논문을 쓴 훼프너 씨는 치유 과정에 개입하지 않으면서 아주 잘했습니다. 그는 밖에 머물렀습니다. 그러나 제가 의뢰인에게 잘되어 갑니까? 하면서 질문하면 저는 간섭합니다.

저는 무엇이 영혼의 움직임인지 비디오를 통해 볼 수 없습니다. 많은 여러 비디오를 보았습니다만, 별로 감지하지 못했습니다. 영혼의 움직임은 비디오로 전해질 수 있습니까?

아닙니다. 저도 나중에 비디오를 보지만, 어느 정도까지밖에 함께 할 수 없습니다. 장 안에 있지 않기 때문입니다. 다음 단계가 무엇일지 알지 못합니다. 제가 개입한 걸 보고 가끔 저도 놀랍니다.

영혼의 움직임과 함께 일하려면 무엇이 필요합니까?

영혼의 움직임과 함께 일하려면 특별한 인식의 길을 가야 합니다. 빔과 정신 집중 그리고 삼감의 길입니다. 그래야만 우리의 생각과 언제나 다른 움직임에 충분한 여유를 줍니다. 이러한 모든 움직임은 전에 없던 통찰을 가져옵니다.

예를 들어 주시겠습니까?

일본에서 있었던 일입니다. 한 부인의 의뢰인 대역이 자신의 어머니 대역 앞에 서서 두 주먹을 불끈 쥐었습니다. 저는 대역에게 "어머니 저는 당신을 죽입니다." 따라 하게 했습니다. 그러자 대역은 힘차게 반복했습니다. 본인을 세워 같은 말을 하게 했을 때 그녀는 말했습니다. "그렇게는 말할 수 없습니다만, 어머니가 죽었으면 합니다." 어찌하든 큰 차이가 없습니다. 그러자 저는 "그렇게 어머니를 거절하는 사람과 저는 일할 수 없습니다." 하면서 중단했습니다. 그녀가 자살할 거라는 것을 저는 알았습니다. 당연히 그런 사람은 자살합니다. 다른 방법이 없습니다.

어떻게 그걸 아십니까?

우선 이야기를 다 하겠습니다. 어떤 것도 저는 하지 않았습니다. 그녀의 어머니를 존경하면서 그녀를 잊었습니다. 의뢰인을 잊으면서 그런 상황에서 저는 물러납니다. 그렇게 의뢰인을 자신의 운명뿐만 아니라 행동과 태도의 결과에 온전히 둡니다.

세미나가 끝나기 조금 전에 그녀가 제게 와서 또 한 번 세우고 싶다고 했습니다. 그녀의 눈은 울어서 부어 있었습니다.

다시 가족을 세웠습니다만, 되지 않았습니다. 그러자 동행한 하랄드 호넨이 조언을 했습니다. 조상을 계속 세우면 어떠하겠습니까? 의뢰인 본인과 어머니 대역을 마주 세워도 아무런 일이 없자 어머니 뒤에 외할머니를 세웠습니다. 아무런 일이 없자 계속 할머니들을 세웠습니다. 8세대 대역들이 세워졌습니다. 어디에도 딸과 어머니 사이에 아무런 연결이 없었습니다. 조금 후 8대 할머니가 물러서며 바닥을 내려다보았습니다. 가족세우기에서 우린 그녀가 죽은 자를 내려다본다는 것을 압니다. 한 남자를 눕게 했습니다. 대역들의 움직임에 비춰 봐 살인이 있었다는 것이 분명했습니다. 의뢰인은 바닥에 쓰러졌습니다 ―여기에서 영혼의 움직임이 시작합니다.― 그녀는 피해자에게 기어가 그를 껴안았습니다. 그러자 8대 할머니도 죽은 자에게 가 그를 껴안았습니다. 그런 후 피해자와 8대 할머니 앞에 7대 할머니를 마주 보게 세웠습니다. 단번에 어머니에게서 딸에게로의 연결이 이어졌습니다.

8대에서 7대에게로 흘렀단 말씀입니까?

그렇습니다. 7대 할머니도 그녀의 딸에게 향했습니다. 마지막 의뢰인에게까지 계속되었습니다. 그렇게 8대에서 중단된 사랑이 모든 세대를 거쳐 흘렀습니다. 그 조상에서 어떤 것이 완성되지 않았기에 어머니들에게서 딸들에게로 사랑스런 관계가 흐르지 않았습니다. 마지막으로 의뢰인은 어머니 앞에 무릎을 꿇고 어머니 발을 만지면서 '엄마'를 부르며 울었습니다.

얽힘이 어떻게 작용하는가 우리는 여기에서 봅니다. 그 의뢰인은 이제까지 다르게 행동할 수 없었습니다. 그녀는 살인자와 동일시되어 있었습니다. 어머니에게로 사랑의 움직임이 될 때까지 가끔 수세대를 거슬러 올라가 얽힘을 풀어야 합니다. 그 세우기는 영혼의 움직임과 보통 과정의 혼합이었습니다.

이제까지의 가족세우기에서는 조직에 대한 정보가 있어야 했습니다. 자신의 가족에 대해 모르는 사람은 가족세우기를 할 수 없었습니다. 이제 영혼의 움직임 차원에서 선생님은 정보가 시스템 자체에서, '장'에서 온다고 말씀하십니다. 이 정보는 우리가 알 수 있는 것을 넘어, 움직임을 통해 보인다고 말씀하십니다.

그렇습니다. 가끔 우리 가족에 대해 어떤 것도 모릅니다 하는 의뢰인이 옵니다. 그러면 저는 좋습니다, 세워 찾아봅시다라고 말합니다. 의뢰인 대역을 선정하여 그냥 세웁니다. 움직임이 시작하여 한 걸음 한 걸음 시스템으로부터 어떤 것이 나타납니다. 대역을 바라보고, 대역이 어떤 움직임을 하는가 보고 있음으로 어떤 것이 나타납니다. 예를 들어 대역이 방향을 바꾸면 그 앞에 한 사람을 세웁니다. 또는 비밀의 대역을 세울 때도 있습니다. 그럼 어떤 일인가를 보여 주는 그림이 나타납니다. 즉시 의뢰인은 경악합니다. 그러기에 가족세우기를 하려면 예전보다 더 적은 정보가 필요하거나 혹은 전혀 정보가 필요하지 않습니다. 저는 영혼의 움직임에서 중요한 정보를 얻습니다.

| 움직이는 모든 것은 어디에서인가 의해 움직여집니다 |

다른 힘들, 종교 그리고 자유로운 결정에 관하여

동종요법에서는 어떤 성분으로 구성되었는가 증명될 수 없는 고효력의 물질을 사용합니다. 강렬한 힘으로써의 그 물질은 물이나 설탕 등에 있는 정보로써 '인간 시스템'에 어떤 것을 일으킨다고 합니다.

선생님은 시스템의 움직임으로부터 오는 정보를 신뢰하십니다. 사람들이 본다고 선생님은 말씀하시지만, 선생님이 보신다고 저는 우선 말하고 싶습니다. 모두 보는 것은 아닙니다. 초보자는 결코 보지 못합니다.

경험이 있어야 합니다. 차근차근 배워야 합니다. 내면의 태도에서 시작합니다. 성장의 길입니다. 영혼의 움직임을 통해서도 우리는 가끔 풀림에 오지 못합니다. 거기에도 한계가 있습니다.

예를 들어 주시겠습니까?

장애아를 가진 부모가 서로 비난합니다. 부모가 서로 사랑으로 바라보고 아이를 함께 돌보자고 서로 확인하면 도움이 되겠습니다만 충분하지 않을 때가 많습니다. 왜 우리에게만 이 운명이 덮치는가, 부모는 질문합니다. 그럼 운명의 대역을 부모와 아이 앞에 마주 세워, 운명에 깊이 고개 숙이게 합니다. 이 고개 숙임이 믿을 수 없는 효과를 가지는 것을 보았습니다. 영혼의 움직임을 통해 언제나 풀림을 찾을 수 있다고 생각하는 것은 환상입니다.

가끔 저는 어떤 사람이 어찌할 수 없이 죽음으로 이끌리는 것을 봅니다. 그럼 저는 무엇을 합니까? 또 어떤 사람은 죽음으로 죗값을 치러야 한다고 느낍니다. 이럴 때 종전의 어떤 방법을 제가 쓸 수 있겠습니까? 어떤 것을 할 수나 있습니까? 혹은 여기에선 놓음이 중요한 도움이 되는 한계가 아닙니까? 제가 어떤 것도 하지 않아야 본래의 도움이 시작되지는 않습니까?

지난번 남아시아에서 일어난 해일에 관하여 어떤 내면의 태도를 가져야 하는 것과도 비슷하겠습니다. 재건을 돕는 외에 무엇을 할 수 있겠습니까?

그렇습니다. 우리는 도우려고, 어떤 것을 하려고 합니다. 당연합니다. 저는 그 뒤의 어떤 큰 것, 명명할 수 없는 어떤 것을 봅니다. 고개 숙입니다. 그게 제 태도입니다.

그런 해일의 경우 저는 고개를 숙이며 "예" 합니다. 저 혼자 합니다. 그리하여 저는 다른 힘으로 옵니다. 거기에서 아주 가까이 체험한 사람을 알게 되면, 예를 들면 아이를 잃은 어머니를 생각해 봅시다. 죽은 자신의 아이를 가슴에 안고 있는 어머니와 그녀의 견딜 수 없는 아픔을 봅니다. 거기엔 어떤 풀림도 있을 수 없습니다. 아이의 운명을 바라보고 그게 그의 수명이었다고, 종말이었다고 존중합니다. 그런 후 해일 뒤의 힘을 바라보고 파악할 수 없는 어떤 것 앞에 오직 머물러 섭니다. 이게 어떤 것을 풀리게 합니다. 그런 후 어머니는 아이를 묻을 수 있습니다. 그렇게 그녀는 이 다른 힘과 연결에 머뭅니다. 얼마 후 다시 그녀는 삶에 향할 수 있습니다.

종교적인 측면입니다.

마지막에 관한 것들이면 회피할 수 없습니다. 그러나 그것은 감춰져 있습니다. 거기엔 어떤 질문, 어떤 간청, 어떤 도움도 없습니다. 전혀 아무것도 없습니다. 오직 머물러 서 있습니다. 이게 우리를 겸손하고 소박하게 합니다. 우리의 한계를 가리킵니다. 여기에 동의할 때 우리는 거리 두는 평온과 힘을 얻습니다.

현상학적인 관찰이 끝나고 종교적인 것이 시작한단 말씀입니까?

결국 인간은 자신의 한계에 자신을 내맡깁니다. 현상학은 본질 인식에 관한 것입니다. 본질 인식이란 내가 무엇을 해야 하는가를 아는 것입니다. 현상학은 행동을 향하고 있어서 지혜와 연결됩니다. 어떤 것이 가능하고 어떤 것이 불가능하는가를 아는 게 지혜입니다.

그러나 여기에선 행동 없이 더 큰 관계들에 자신을 내맡깁니다. 여기엔 더 이상 행동이 없습니다. 알 수 없다는 것을 알기에 더 이상 알려고 하지 않는 태도입니다. 여기에서 모든 희망이 떠나게 합니다. 아무런 의도, 어떤 두려움, 사랑도 없이 열립니다. 이게 마지막 정신 집중입니다. 여기에서 종교적인 것은 끝납니다.

이 넓은 시야를 감행하는 사람은 다르게 효과를 발하는 힘이 있습니다. 오직 거기에 있기에 효과를 발합니다.

이게 종교가 아닙니까? "우린 모두 봉사하고 있다.", "우리 모두는 움직여지고 있다."고 선생님은 말씀하십니다. 이건 태도 이상이지 않습니까?

그건 철학적인 숙고입니다. 이 철학적인 숙고로부터 이러한 정신적인 태도가 생깁니다.

"모두 봉사하고 있다."라고 말함으로 저는 선과 악의 구별을 철패합니다. 이게 사람들을 불쾌하게 합니다. 스스로 봉사하고 있음을 아는 사람들에게선 그렇게 심하지 않습니다만, 다르게 생각하고 행동하는 사람들도 다른 방법으로 봉사하고 있다는 것을 인정하지 않으려는 사람들은 아주 불쾌해합니다. 아리스토텔레스는 여기에서 움직이지 않고 움직이게 하는 원인을 상정합니다. 이 원인은 스스로 움직이지 않고 모든 것을 움직이게 합니다. 이런 세계상은 일반적인 구별과 차별을 지탱해 주지 않습니다.

'선한 자'와 '악한 자'를 구별하는 사람은 이편은 살 권리가 있고 저편은 살 권리가 없다고 말합니다. 그리하여 그는 근원적인 힘과 스스로 움직이지 않고 움직이게 하는 원인 위에 자신을 세웁니다.

저의 세계상은 제게 선과 악의 구별을 단념하게 합니다. 모든 것은 어떠하든 전체에 봉사합니다. 이게 '봉사하고 있다.'는 깊은 의미입니다.

진리란 말씀입니까?

진리에 대한 물음은 우리가 진리를 찾을 수 있는 것처럼 하면서 찾아야 한다는 느낌을 줍니다. 우리가 일생 동안 찾아야만 한다고 합니다. 우리 생각으로 찾을 가능성이 있는 것처럼 합니다. 저의 철학적인 고찰은 진리를 요구하지 않습니다.

그렇다면 이런 고찰들은 어디에 유용합니까? 선생님과 같은 방법으로 일할 수 있으려면 필요합니까?

무엇보다 다른 사람들을 사랑하려면 필요합니다. 이런 태도로 가해자나 피해자 또는 살인자 등 거절된 사람들을 대할 때 저는 온전히 거리 두며 평온하게 있습니다. 그러면 저는 단지 겉으로 얽혀 있다고 볼 때와 전혀 다르게 개입합니다. 얽힘들을 보면 나는 그걸 풀려고만 합니다.

원래 풀려고 가족세우기를 시작하지 않았습니까? 아주 실용적으로 시작하지 않았습니까?

당연히 그렇습니다. 얽힘의 차원에선 풀림이 보여지고 또한 가능합니다. '모두 봉사하고 있다.'의 차원에선 근원의 힘을 신뢰하기에 저는 풀림이 필요하지 않기도 합니다.

시스템의 움직임에서보다 영혼의 움직임에서 더 많이 생긴단 말씀입니까?

그렇습니다. 아주 중요한 점입니다. 당연히 거기에서 더 많이 생깁니다. 여기에서는 풀림이 단지 시스템에서만 오지 않습니다.

이해하지 못하겠습니다.

풀림은 모든 것에 똑같이 향하고 있어 모든 것을 함께 이끌고 있는 상위의 힘에서 옵니다. 모든 양심들을 넘어서기에…방법으로써 가족세우기와 직접 관계가 없습니다. 시스템 대역으로서 내 움직임이 시스템 본인의 움직임이라고 말하는 것과 모든 움직임은 다른 힘에서 온다고 하는 것은 구별해야 합니다. 처음 것은 이해할 수 있습니다만, 두 번째는 다릅니다. 영혼의 움직임과 함께 일하는 사람은 '우리는 움직여진다.'라고 하는 종교적인 가정과 함께합니다.

제겐 종교적이 아니라 철학적입니다.

어떤 차이가 있습니까?

장 안에 움직임이 있다는 것은 관찰입니다. '우리는 움직여진다.'는 철학적인 고찰이고 철학적 결론입니다.

'신적인'이라고 하는 것은 전이고 축소입니다. 정당하지 않습니다. 어떤 힘이 작용하고 있습니다만 그걸 신이라든지 또는 신적인 것이라고 생각하는 것은 성급합니다.

'종교적'이라는 것은 하나의 신으로부터라고 가정되기에 선생님은 피하고 싶으신 겁니까?

그렇습니다.

영적인 분야라고 합시다. 도교나 불교 어느 철학에도 영적인 분야가 있습니다.

도교에서는 '신적인'이라고 명명하지 않습니다. 철학적 고찰로부터 움직여지는 모든 것은 어디에서부터 의해 움직여진다고 말할 수 있습니다. 하나의 움직임이 스스로에게 움직임을 줄 수 있다고 상상할 수 없습니다. 스스로 움직일 수 있다고 생각하는 것은 이치에 맞지 않습니다. 제가 증명할 수 없습니다만 이 가정은 실천하려면 아주 중요합니다.

왜 그렇습니까?

가족시스템이 다른 힘에 의하여 움직여진다고 보면 저 내면의 과정에 좋게 작용합니다. 최근의 뇌 연구도 제가 옳다고 합니다.

미국의 뇌 연구가인 안토니오 다마시오Antonio Damasio가 자신의 연구팀과 함께 확인한, 감정과 느낌들은 몸의 반작용으로써 나타난다는 것을 말씀하십니까? 우리의 정신은 뇌화돼 있는 게 아니라 육화돼 있다고 그가 말한 적이 있습니다.

우리가 결정을 내리기 전 벌써 몸의 반작용으로 어떤 결정이 내려질까 분명합니다. 자유로운 결정이 아닙니다. 결정은 이미 주어진 움직임을 따릅니다. 우리가 자유롭게 결정할 수 있다는 상상은 환상입니다. 이미 내려진 결정은 나중에야 의식됩니다. 그로부터 저는 제가 움직이기 전에 이미 다른 데에 의해 제가 움직여졌다고 추론합니다.

다른 데에 의해 움직였다고 선생님은 말씀하시는데, 누가 알 수 있습니까? 우리의 결정은 팔과 다리에 있다고도 말할 수 있습니다.

우리의 결정이 어디에서 오는지 모르지만 우리의 자유로운 결정이 아닌 것은 분명합니다. 저는 정확히 정의하지 않으렵니다만, 그 미묘한 움직임들을 우리는 관찰할 수 있습니다. 그러기에 저는 어떤 사람이 어떻게 결정하든 그는 벌써 다른 데에 의하여 움직여졌다는 것을 볼 수 있습니다.

| 우리는 계속 가야 합니다… |
풀림의 한계에 관하여

아주 광범위하게 영향을 미치는 결론입니다. 오늘 선생님은 영의 사랑과 함께함에 관해 말씀하십니다. 전에 선생님은 모두를 똑같이 가슴에 품는다고 말씀하셨습니다.

어떤 사람을 가슴에 품는다면, 그건 느낌의 차원입니다. 영의 사랑과 함께함은 전혀 다른 사랑입니다. 감정이 없는 영적인 사랑입니다. 이 사랑은 모든 것에 그것이 어떠하든 '예' 합니다. 나쁘게 나타나는 것에도 '예' 합니다.

이 사랑의 상태에 들어가면 저는 움직이는 것을 멈춥니다. 다른 움직임이 저를 덮칩니다. 찾는 것을 더 이상 하지 않습니다. 저는 파악할 수 없는 것 앞에 섭니다. 그러면 파악할 수 없는 것이 나를 움직이게 하여, 결과에서야 그것은 잡힐 수 있습니다.

그게 선생님이 홀로 가시는 길입니까?

길은 가능성과 함께 우리가 일상적으로 하는 것이 —영혼의 움직임조차도— 잠정적인 어떤 것이라고 보여 줍니다. 그러기에 길은 우리에게 새로운 것을 위해 열려 있습니다.

이런 배경이 있기에 선생님이 인공유산을 예전과 다르게 대한다고 할 수 있습니까?

인공유산은 아주 많은 층을 가집니다. 그러나 결국 우리는 모두에게 향하고 있는 영의 사랑과 함께합니다. 단번에 모두는 자신의 자리에서 잘 보살핌을 받습니다. 이 차원에서는 아무런 손실이 없습니다. 이 창조적인 움직임에서는 아무것도 없어지지 않습니다. 누구도 자신의 생명을 빼앗기지 않았습니다. 그러기에 없어지게 보이는 것도 더 큰 전체에 봉사합니다. 어떤 것도 원하지 않고, 불쌍히 여기거나 후회하지 않고 거기에 편히 쉬게 합니다.

인공유산의 경우 아이가 대역으로 실제로 세워지고 마지막에 가족에 자리 잡는 것을 저는 알고 있습니다. 인공유산이 어떤 결과를 가지는가 보여 주고 감지하게 하기 위해 가끔 그렇게 하기도 합니다. 그러나 그렇게 하면 사람들은 거기에만 머물러 있습니다.

제 부인인 마리아 소피도 인공유산의 경우 그러한 풀림으로 가족 세우기를 마치게 했습니다. 그러나 그러한 풀림은 표면적으로 판명되었습니다. 얼마 후 의뢰인이 인공유산 문제로 또 왔기 때문입니다. 이 풀림이 필요한 깊이에 이르지 않은 것을 확인했습니다. 그리하여 우리는 조심히 더 넓은 분야로 내딛어야 한다는 것을 배웠습니다.

이건 단지 하나의 예입니다만, 인공유산의 경우 사람들은 양심과 죄와 무죄 그리고 가해자와 피해자 범위에 쉽게 머뭅니다. 그러나 다른 분야로 내딛게 되면, 모든 것은 아무 겉치레 없이 심각하고 크게 돼 더 큰 어떤 것에 연결됩니다. 계속 가야 하는 것이 얼마나 중요한지 여기에서 보입니다.

10년 전엔 가족세우기로 모든 문제를 풀 수 있는 방법을 찾았다고 하는 태도가 있었습니다. 그건 성급한 것이었습니다. 사람들이 다시 온다고 이제 선생님이 말씀하시는 것은….

사람들이 그렇게 말하지 않았습니다. 그러나 우리는 어떤 것이 완전히 풀리지 않았다는 것을 보았습니다. 또한 많은 풀림이 성급한 것이었다고도 보았습니다.

처음엔 완전히 풀린 것처럼 보였습니다만.

그렇습니다. 모두 기뻐했습니다만, 많은 풀림들이 충분히 깊지 않다는 것을 저는 배웠습니다.

풀림을 영구히 받쳐 주지 못하는 어떤 틀에 머물기에, 충분하지 않다는 말씀입니까?

그렇습니다.

특별한 테마들이 그렇단 말씀입니까? 아니면 일반적으로 그렇습니까?

우린 계속 가야 합니다. 가족세우기를 통해 우리는 내면의 성장을 강요받습니다. 단지 치유나 문제를 푸는 것만이 아닙니다. 결국 충만에 있는 생명에 관합니다.

    영에 대해 더 말씀드리고 싶습니다. 영은 가볍습니다. 영과 함께하는 사람은 민첩합니다. 지구를 아주 적게 힘들게 합니다. 그리고 의뢰인도 아주 적게 힘들게 합니다. 또한 영과 함께하는 사람은 모든 것 앞에서 행복해합니다. 모든 것이 어떻게 있든 행복해합니다.